LES DOSSIERS HACHETTE

Corps et santé

cycle 3

JACK GUICHARD
PROFESSEUR DES UNIVERSITÉS

hachette
ÉDUCATION

Crédits photographiques

Rabat avant : *nourrisson* : © J.-M. Trois / Hoa-Qui / Eyedea Illustration ; *petite fille* : © P. Costello / Stone / Getty Images ; *garçon* : © Z. Shroff / Stone / Getty Images. **Rabat arrière :** *adolescent* : © M. Kaiser / Stone / Getty Images ; *couple* : © Tripod / The Image Bank / Getty Images ; *vieil homme* : © M. Renaudeau / Hoa-Qui / Eyedea Illustrations. **P. 5 :** © U. Sear / Stone / Getty Images. **P. 6 hg :** © AFP / Getty Images. **P. 6 bd :** © H. T. Kaiser / Age Fotostock / Hoa-Qui / Eyedea Illustrations. **P. 7 :** © Bambu Productions / Getty Images. **P. 8 h :** © Ch. Hondros / AFP / Getty Images. **P. 8 b :** © Pool / Witt / Ludovic / REA. **P. 9 :** © P. Carter /Report Digital / REA. **P. 10 h :** © Ph. et K. Smith / Getty Images. **P. 10 bg :** © SMC Images / Getty Images. **P. 10 bd :** © Picture Partners / Age Fotostock /Hoa-Qui / Eyedea Illustrations. **P. 11 :** © Photo D.S.C.R.F. Cepas. **P. 12 :** © RVI Medical Physics, Newcastle / S. Fraser / Science Photo Library. **P. 14 g et d :** © P. Bertuccelli / Regards du Sport / Vandystadt. **P. 18 :** © Éditions Glénat. **P. 20 hg, hd, bg et bd :** C. Edelmann / Hoa-Qui / Eyedea Illustrations. **P. 21 :** © L. Lefkowitz / Getty Images. **P. 23 :** © M. Malyszko / Getty Images. **P. 27 :** © A. Bartel / Science Photo Library. **P. 29 :** © Éditions Glénat. **P. 31 h :** © N. Borden / BSIP. **P. 31 b :** © E. Reschke / BSIP. **P. 32 g :** © Beanstock Images / Getty Images. **P. 32 d :** © L. Dwight / Corbis. **P. 36 :** © G. Laub /Getty Images. **P. 37 :** © INPES / PNNS. **P. 38 :** © K. Amsler / Regards du Sport / Vandystadt. **P. 39 h et b :** © ISM. **P. 42 hg :** © The Other Image / Getty Images. **P. 42 hd :** © R. Estakhrian / Getty Images. **P. 42 bg :** © V. Moos / Corbis. **P. 42 bd :** © S. Ortola / REA. **P. 46 g :** © PM Images / Getty Images. **P. 46 d :** © A. Pol / ISM. **P. 49 :** © ISM. **P. 50 :** © Denis / REA. **P. 51 :** © Science Photo Library. **P. 52 :** © www.inpes.sante.fr. **P. 54 hd :** © FFA / Ipso Facto. **P. 54 bg :** © P. Othoniel / JDD / Gamma / Eyedea Presse. **P. 57 h :** © Chassenet / BSIP. **P. 57 b :** © J. M. Silva / Age Fotostock / Hoa-Qui / Eyedea Illustration.

Responsable de projet : Delphine DEVEAUX

Secrétaire d'édition : Mirna BOUSSER

Création de la maquette de couverture : Laurent CARRÉ et Estelle CHANDELIER

Exécution de la maquette de couverture : TYPO-VIRGULE

Illustration de la couverture : Alain BOYER

Création de la maquette intérieure : Laurent CARRÉ

Mise en pages : TYPO-VIRGULE

Illustrations : Gilles POING (illustrations techniques) ; Isa PYTHON (scènes avec personnages) ; Nathalie DESVERCHÈRE (picto « sommaire », fonds matière des bandeaux et des « Bloc-notes »)

Recherche iconographique : Mirna BOUSSER, Cécile FALAQUE et Delphine DEVEAUX

Fabrication : Nicolas SCHOTT

Pour Hachette Éducation, le principe est d'utiliser des papiers composés de fibres naturelles, renouvelables, recyclables, fabriquées à partir de bois issus de forêts qui adoptent un système d'aménagement durable.
En outre, Hachette Éducation attend de ses fournisseurs de papier qu'ils s'inscrivent dans une démarche de certification environnementale reconnue.

ISBN : 978-2-01-117503-8

Avant-propos

Le corps et la santé correspondent à une partie importante du programme de sciences 2008 au cycle 3. Ce dossier permet une approche fonctionnelle des principaux organes, complétée par une éducation à la santé. Il est important de commencer très tôt cette éducation à la santé en la reliant au fonctionnement du corps. Ce thème central du programme de sciences recouvre des sujets qui intéressent beaucoup les élèves, car ils les concernent directement.

L'objectif de ce **DOSSIER** est de permettre aux élèves de prendre conscience des questions scientifiques sur le fonctionnement du corps humain et l'éducation à la santé. Il est découpé en 9 chapitres. Chacun s'organise de la façon suivante :

– Une double page pour présenter le thème et commencer des observations. Les élèves se posent des questions sur le cœur du sujet et confrontent leurs idées. Il est important de prendre en compte ces idées, souvent erronées, afin de les faire évoluer vers des connaissances.
– Une double page pour comprendre les phénomènes observés en mettant en œuvre une démarche scientifique à partir de documents variés : photographies, schémas scientifiques, textes, scènes illustrées…
– Une double page de synthèse, qui ouvre des pistes de réflexion. Elle s'achève par un « Bloc-notes » qui fait le point sur les connaissances acquises dans le chapitre.

Après les chapitres 3 et 6, une double page « *À la manière de…* » permet d'aborder deux aspects de la démarche d'investigation mise en œuvre pour l'étude du corps :

– une démarche expérimentale s'appuyant sur l'utilisation de maquettes pour la compréhension du rôle des articulations et des muscles dans les mouvements ;
– une démarche expérimentale à partir des mesures effectuées sur son propre corps pour comprendre le rôle du cœur et des poumons dans l'adaptation à l'effort physique.

À la fin de l'ouvrage, un lexique explique aux élèves les mots clés écrits en rouge dans les « Bloc-notes ».

Ce dossier rassemble en un seul ouvrage des documents qui permettent de mettre en œuvre la démarche d'investigation scientifique dans l'esprit des programmes de sciences et d'éducation à la santé.

Jack Guichard

SOMMAIRE

Corps et

santé

LE SANG DANS LE CORPS

RESTER EN BONNE SANTÉ

PRÉSERVER LE CORPS DES DANGERS

À quoi voit-on que

Notre corps est vivant. Il bouge, il transpire,
il a besoin de manger et de boire.
Tous les êtres humains ont un corps qui se ressemble,
mais nous sommes tous différents les uns des autres.

Doc. 1 : Un match de handball.

1. À quoi vois-tu que le corps de ces filles est en action (Doc. 1) ?

2. Quelles parties du corps ce garçon utilise-t-il pour manger (Doc. 2) ?

3. D'après toi, pourquoi est-il important de manger ?

Doc. 2 : Un garçon mange une pomme.

le corps est vivant ?

Doc. 3 : Un médecin ausculte un patient avec un stéthoscope.
Le stéthoscope est un appareil qui permet d'écouter les battements du cœur.

4. Que fait ce médecin ?

5. Pourquoi utilise-t-il un stéthoscope ?

6. Qu'entendrait-il si le corps n'était plus vivant ? Pourquoi ?

7. Décris la scène.

8. Pourquoi le personnage dit-il : « Aïe ! » ?

Doc. 4 : La douleur.

Doc. 1 : Une file d'attente.

1. Compare les tailles de ces personnes.

2. Les différences de tailles sont-elles dues à l'âge des personnes ?

3. Qui sont les plus grands : les hommes ou les femmes ? Est-ce toujours vrai ?

Doc. 2 : Sommet international de la francophonie (Québec, Canada, 2008). La francophonie regroupe l'ensemble des États où l'on parle le français.

4. Ces personnes ont-elles toutes la même couleur de peau ? et de cheveux ?

5. D'après toi, de quelles régions du monde peuvent-elles être originaires ?

Doc. 3 : Une famille.

6. Attribue à chaque personne l'âge de la vie qui lui correspond : petite enfance, enfance, âge adulte, vieillesse. Quels détails permettent de distinguer ces différents âges ?

7. Écris quelques phrases pour décrire chaque âge de la vie.

ATTENTION LA CHUTE !

Cette petite fille s'est fait un bleu en tombant de vélo. Heureusement, elle avait son casque. Le choc a fait éclater des vaisseaux sanguins* sous sa peau. Le sang s'est alors répandu pour former un hématome, un bleu, dont la couleur va changer, puis disparaître au bout de quelques jours. Notre peau est fragile. Elle peut aussi parfois se déchirer. Il faut alors désinfecter et protéger la plaie des poussières et des microbes qui sont dans l'air. La blessure va ensuite se refermer et la peau se reformer : c'est la cicatrisation.

* Petits tuyaux qui transportent le sang dans le corps.

Une petite fille est tombée de vélo.

Doc. 1

1. Comment se forme un bleu ?

2. Comment évolue un bleu ? et une plaie ?

Lorsqu'on se casse une jambe ou un bras, l'os est fracturé. Immobilisé quelques semaines dans une coque en plâtre, il se ressoude peu à peu.

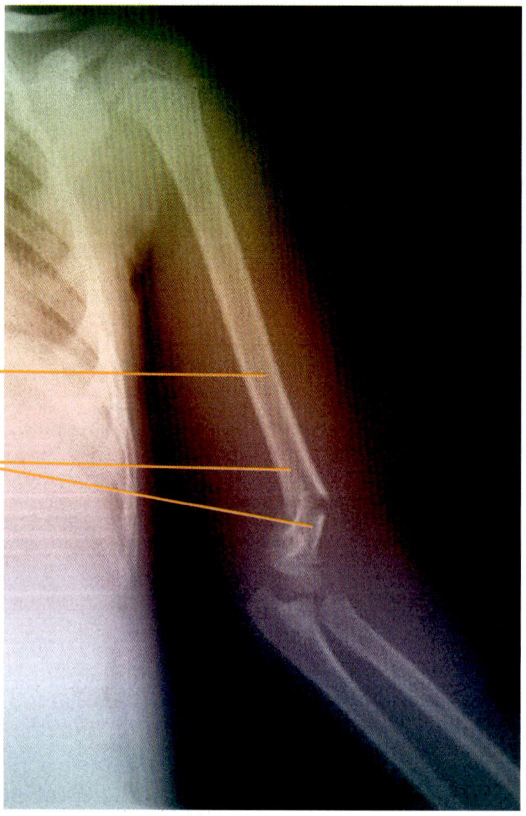

Doc. 2 : La radiographie d'une fracture du bras.

Doc. 3 : Un garçon avec le bras gauche dans le plâtre.

3. À quoi vois-tu que le bras est cassé (Doc. 2) ?

4. À quoi sert le plâtre qui entoure le bras du garçon (Doc. 3) ?

À QUOI SERT UN CRASH-TEST ?

Un crash-test permet de visualiser ce qui peut arriver au corps lors d'un accident de voiture. On utilise un mannequin qui a les mêmes caractéristiques de taille et de poids que le corps humain. Il est muni de capteurs pour mesurer les conséquences d'un accident sur un homme : lors d'un accident de voiture, le corps peut être gravement blessé, jusqu'au handicap. Il peut même mourir.
Ce test permet d'améliorer la construction des voitures et de limiter les risques de mort et de blessures des automobilistes lors d'un accident.

Un crash-test.

Doc. 4

5. À quoi sert un crash-test ?

6. Que se passerait-il si le conducteur et les passagers ne portaient pas de ceinture de sécurité ?

BLOC-NOTES

À quoi voit-on que le corps est vivant ?

Le corps est vivant. Il peut **bouger**, même pendant le sommeil. Il a besoin de **respirer,** de **boire** et de **manger** pour être en bonne santé. Nous voyons qu'il respire par les **mouvements** qu'effectue notre poitrine. Nous pouvons également sentir les **battements de notre cœur**.

Autrefois, on pensait que quelqu'un était mort lorsqu'il ne respirait plus. Plus tard, on a jugé qu'on était mort lorsque le cœur ne battait plus. Aujourd'hui, on considère que quelqu'un est mort lorsque son cerveau ne fonctionne plus.

Tous semblables, tous différents

Tous les êtres humains ont un corps organisé de la même façon : **ils sont semblables et font partie de la même espèce**. Seuls changent la taille, le poids, les traits du visage, la couleur de la peau, des yeux et des cheveux. Selon les **régions d'origine**, l'aspect du corps varie. Un Asiatique aura les yeux plus ou moins bridés ; un habitant d'Afrique du Nord la peau plutôt mate et les cheveux bruns, etc. **Nous sommes tous différents**.

Avec l'âge, notre corps change. De la naissance à l'adolescence, il grandit et se transforme. À l'âge adulte, les hommes sont généralement plus grands que les femmes. En vieillissant, le visage se ride, les cheveux blanchissent parfois, la taille diminue légèrement et le corps s'affaiblit.

Le corps est fragile

La vie est fragile. Il faut respecter notre corps. Il peut être **malade** suite à un dérèglement de son fonctionnement ou à l'attaque d'un **microbe**. Il peut être **blessé** dans un accident. S'il perd trop de sang, si son cœur s'arrête, s'il ne peut plus respirer ou si son cerveau est trop abîmé, le corps peut mourir. **Avec l'âge, notre corps s'affaiblit** peu à peu et nous mourons alors de vieillesse.

Qu'est-ce qui

Le corps est soutenu par un ensemble d'os : le squelette.
Les mouvements des os se font grâce aux articulations.

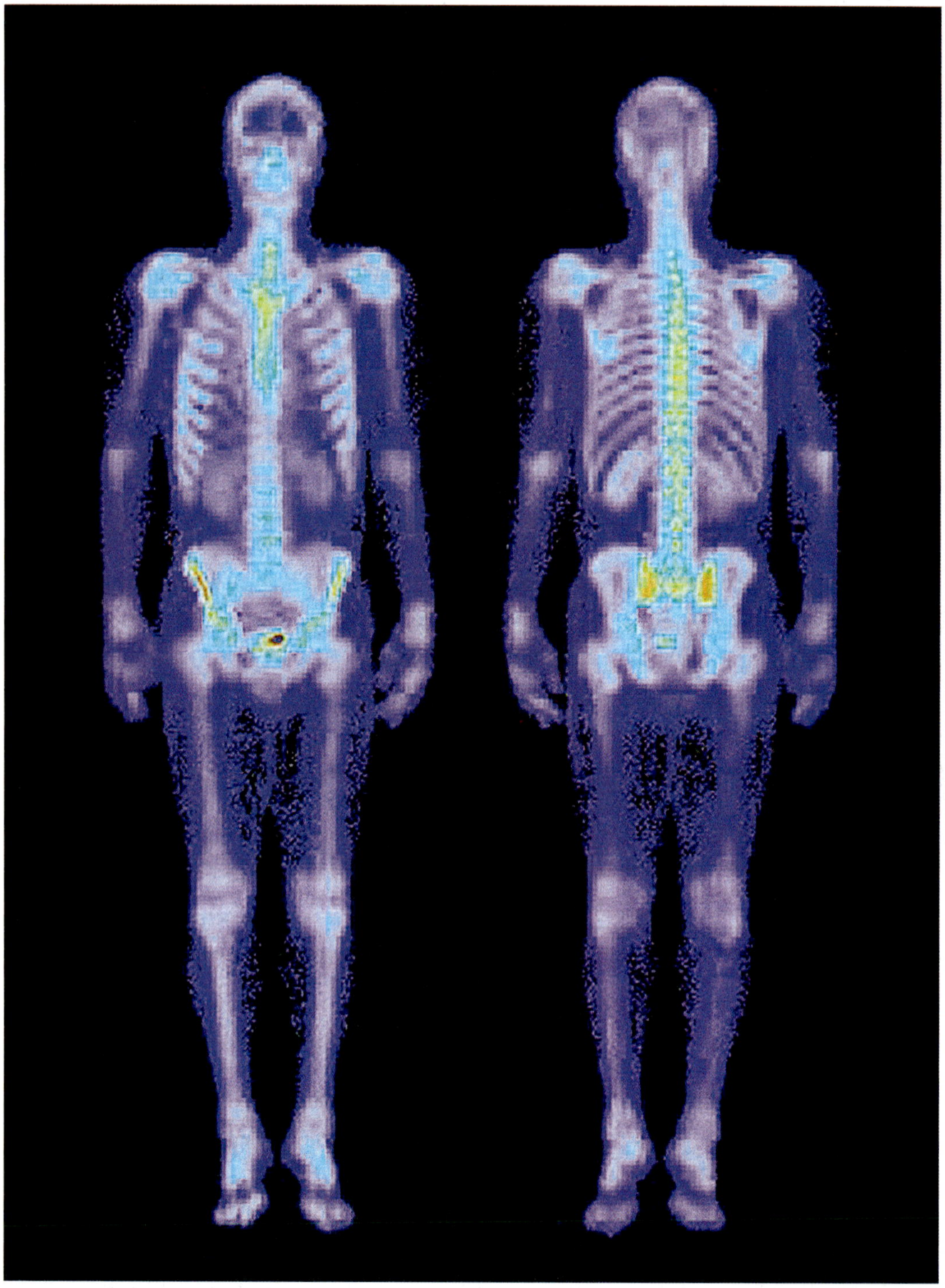

Doc. 1 : Deux scintigraphies du corps.
La scintigraphie osseuse est un examen médical qui permet de repérer les maladies des os.

1. Qu'est-ce qui apparaît en bleu sur ces images du corps ?

2. Quelles zones du corps reconnais-tu ?

3. Une scintigraphie est prise de face et l'autre de dos. Retrouve-les. Explique pourquoi.

soutient le corps ?

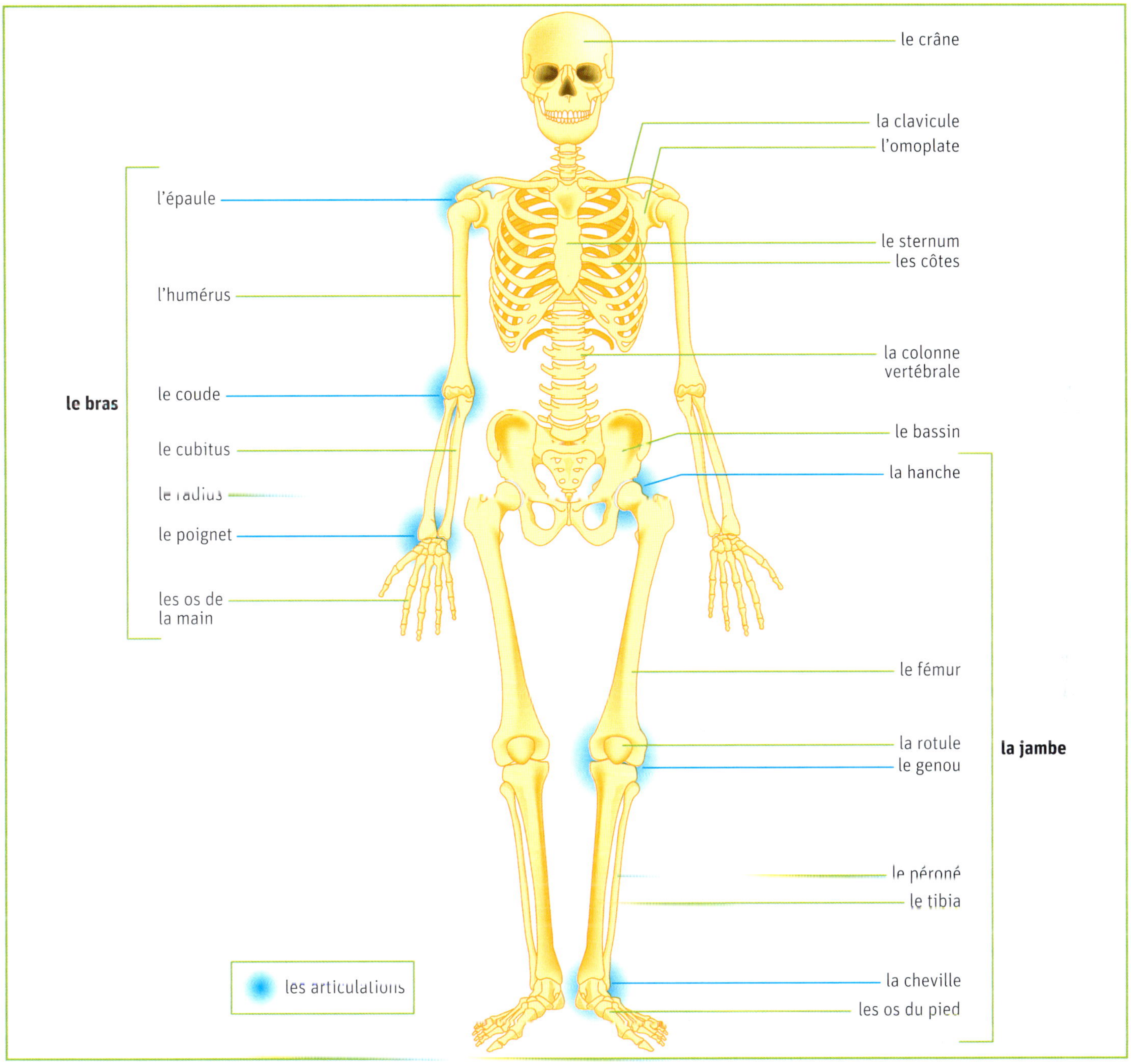

Doc. 2 : Le squelette et les articulations.

4. Quels sont les os de la jambe ? Quels sont ceux du bras ?

5. Compare avec le Doc. 1. Quels os apparaissent de face uniquement ? Quels os apparaissent de dos ?

6. Recherche les articulations sur ton corps. Que peux-tu faire avec ?

Doc. 1 : Une joueuse de tennis commence son mouvement au service : flexion du bras droit et flexion des jambes.

Doc. 2 : Une joueuse de tennis termine son mouvement au service : extension du bras droit et extension des jambes.

1. Quel mouvement fait la joueuse de tennis avec son bras droit (Doc. 1) ?

2. Décris les autres mouvements de son corps.

3. Quelles articulations sont en mouvement ?

4. Décris les mouvements des bras et des jambes de la joueuse (Doc. 2). Lesquels sont en flexion ? Lesquels sont en extension ?

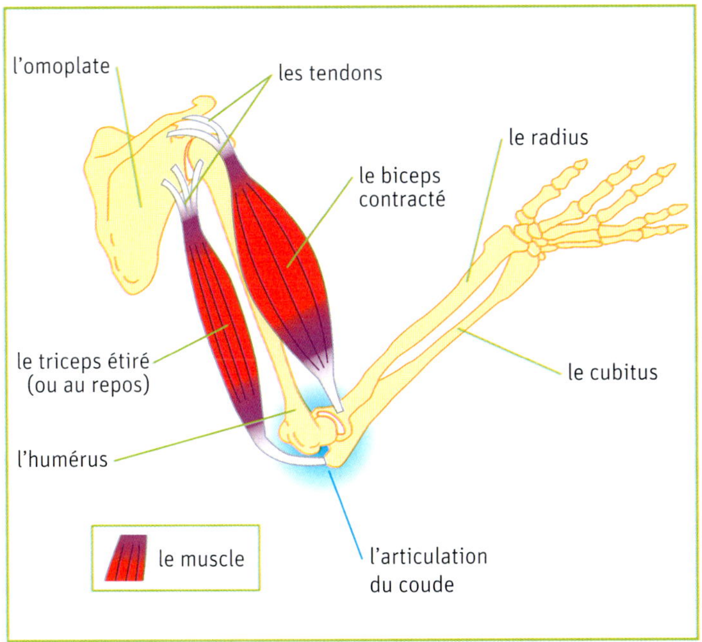

Doc. 3 : L'articulation du coude droit en flexion.

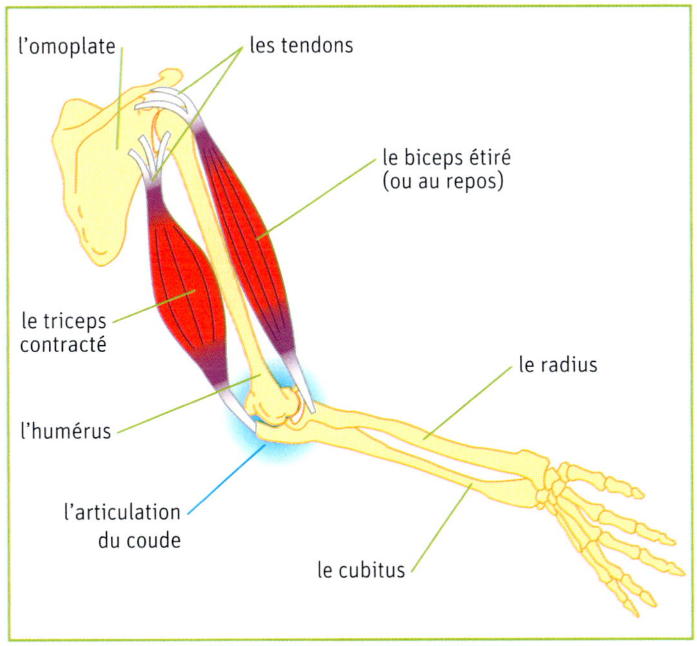

Doc. 4 : L'articulation du coude droit en extension.

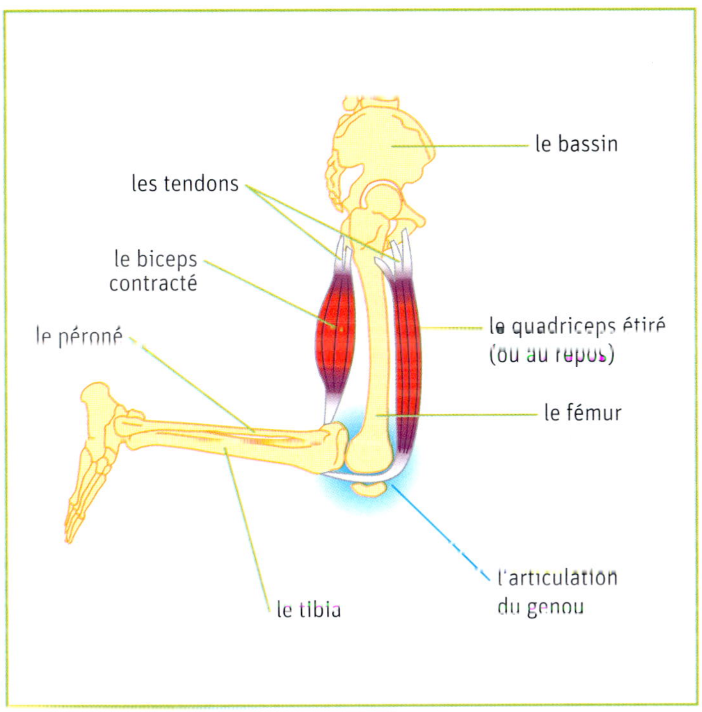

Doc. 5 : L'articulation du genou droit en flexion.

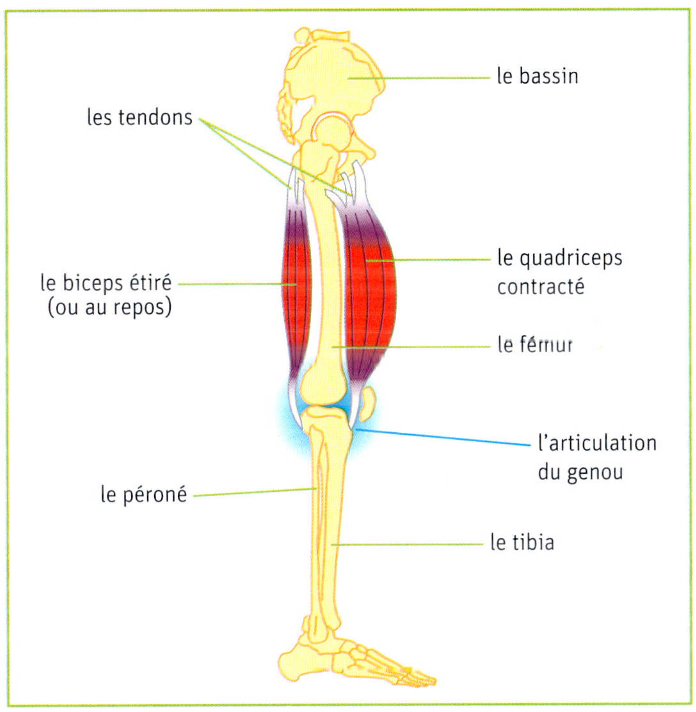

Doc. 6 : L'articulation du genou droit en extension.

5. Où sont attachés les muscles ?

6. À quoi servent les muscles ?

7. Que se passe-t-il dans le bras lorsque le biceps se contracte (Doc. 3) ? et lorsque le triceps se contracte (Doc. 4) ?

8. Décris le rôle des muscles de la jambe (Doc. 5 et 6).

9. Écris un petit texte pour décrire ce qui se passe lors du service de la joueuse de tennis (Doc. 1 et 2).

Qu'y a-t-il d'autre à l'intérieur

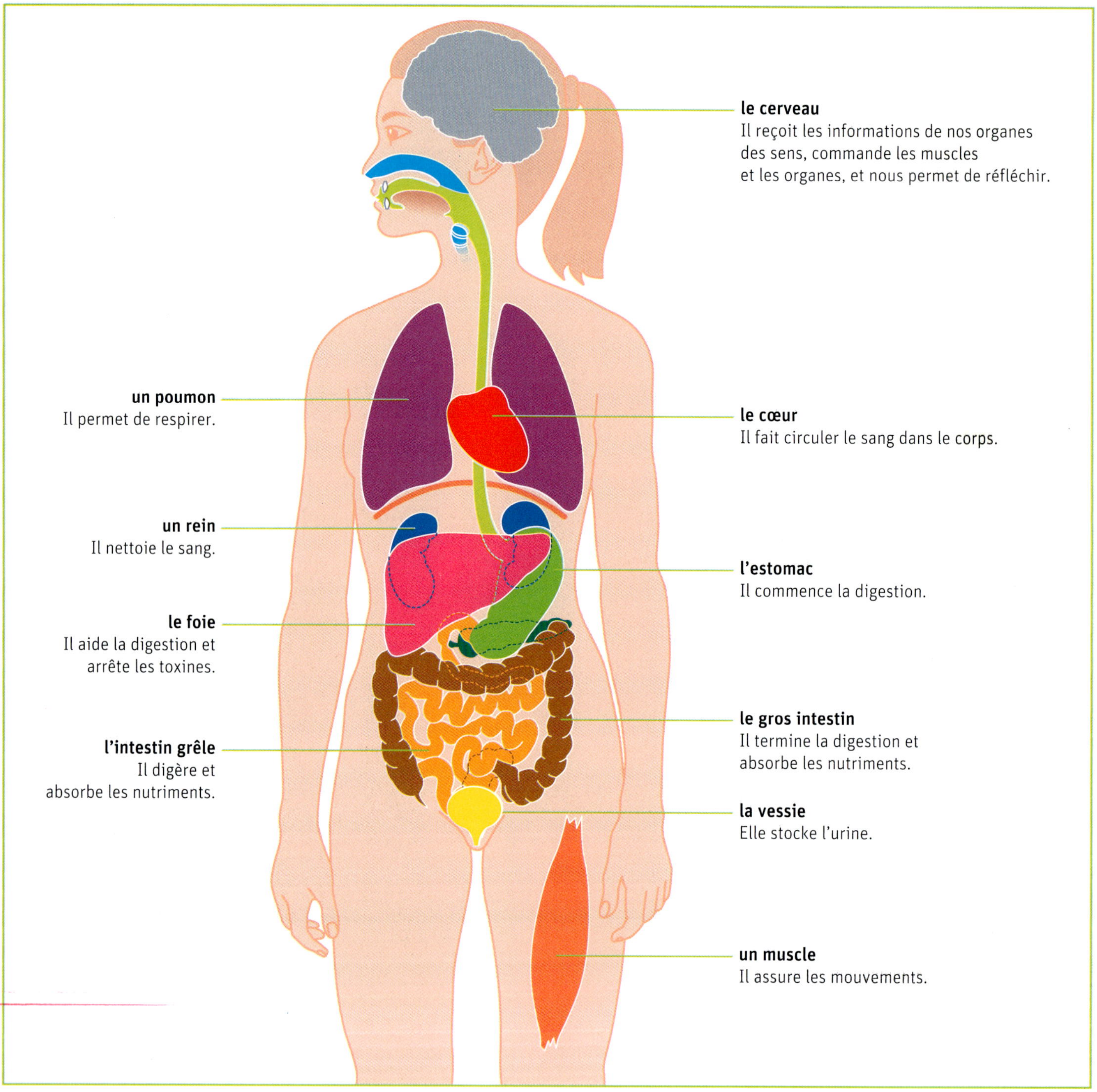

Doc. 1 : Les principaux organes du corps humain.

1. *Quel organe nous permet de réfléchir ?*
2. *Quel organe le médecin écoute-t-il lors de la visite médicale ?*
3. *À quoi servent les poumons ? et les reins ?*
4. *Quels organes jouent un rôle dans la digestion ?*

LE CERVEAU

Le cerveau est un organe essentiel du corps. Avec les nerfs, il constitue le système nerveux. S'il ne fonctionne plus, le corps meurt. Il est constitué de plusieurs zones qui ont chacun un rôle précis.

À quoi sert le cerveau ?

Le cerveau permet de percevoir ce qui nous entoure. Par les nerfs, il reçoit les informations recueillies par nos organes des sens (yeux, oreilles, nez, langue...). Il les enregistre dans sa mémoire. Il commande tous les organes de notre corps et notamment les muscles qui assurent les mouvements. Enfin, il nous permet de comprendre et de réfléchir.

Comment fonctionne le cerveau ?

Le cerveau est formé de 100 milliards de cellules nerveuses : les neurones. Elles sont reliées entre elles par des milliers de connexions. Ces connexions se multiplient lorsque nous les utilisons. Elles se défont si nous ne les utilisons plus. Par exemple, dans le cerveau d'un aveugle, les connexions de la zone visuelle diminuent tandis que celles de la zone auditive, très utilisées, augmentent.

Doc. 2

5. Pourquoi le cerveau est-il indispensable à la vie ?

6. Quel est son rôle ?

7. Pourquoi faut-il le stimuler en permanence ?

BLOC-NOTES

Le squelette soutient le corps

Notre squelette est formé de **206 os** reliés par des **ligaments** élastiques.
Ces os représentent 20 % du poids total de notre corps. Sans eux, notre corps serait tout mou et nous ne pourrions pas tenir debout !

Des articulations pour assurer les mouvements

Les **mouvements** sont possibles entre les os au niveau des **articulations**. Sans celles-ci, nous ne pourrions pas bouger. Pour faciliter le glissement des os entre eux, les articulations ont des parois bien lisses et contiennent un liquide huileux.

Selon leur forme, elles permettent différents mouvements : dans plusieurs directions pour les **articulations en pivot** comme l'épaule ; seulement d'avant en arrière pour les **articulations en charnière** comme le genou.

Des muscles pour bouger

Pour bouger, il faut des **muscles**. Les muscles sont attachés aux os par des **tendons** situés de chaque côté des articulations. Lorsqu'un muscle **se contracte**, il se raccourcit et fait pivoter les os autour de l'articulation : c'est ce qui provoque le mouvement.

Les muscles travaillent souvent par deux, comme ceux du bras par exemple : le **biceps** et le **triceps**. Ce sont des **muscles antagonistes**. Quand l'un se contracte, l'autre se repose !

Les organes : un travail d'équipe

Notre corps est formé d'organes qui ont chacun un rôle particulier, mais qui travaillent tous ensemble pour lui permettre de fonctionner et de vivre en bonne santé.

Par exemple, les muscles sont commandés par notre **système nerveux**. **Ils ont besoin de dioxygène et de nourriture, c'est-à-dire d'énergie**, pour fonctionner. Le dioxygène est fourni par les poumons et la nourriture par l'intestin. Ils sont apportés aux muscles par le sang, qui circule grâce au cœur.

Comment fait-on

Un bébé est le résultat de la fécondation d'une cellule de sa mère (un ovule) par une cellule de son père (un spermatozoïde). Il se développe et grandit dans le ventre de sa maman pendant 9 mois, jusqu'à l'accouchement.

LA FÉCONDATION

Tout a commencé il y a environ neuf mois. Un homme et une femme ont eu envie de faire l'amour. [...] Ils ont eu envie de se rapprocher, se sont embrassés, caressés, peut-être se sont-ils dit des mots d'amour. [...] Lorsqu'un homme et une femme font l'amour, le sexe de l'homme, qui s'appelle le pénis, durcit ; l'homme le fait pénétrer dans le sexe de la femme, le vagin, et sous l'effet de son plaisir, un liquide jaillit et s'y répand : c'est le sperme. Il contient des milliers de cellules de vie.

Ces cellules de vie chez l'homme s'appellent « des spermatozoïdes » ; elles devront rencontrer une cellule de vie de la femme, l'ovule, pour qu'un enfant puisse être conçu. [...]

Les spermatozoïdes que l'homme a placés dans le vagin de la femme ont un très long chemin à faire [pour rencontrer l'ovule] : ils doivent remonter dans l'utérus puis dans la trompe de Fallope. [...] S'ils arrivent au bon moment, le rendez-vous peut réussir : sur les millions de spermatozoïdes, un seul peut pénétrer dans l'ovule ; ensemble, ils vont créer une nouvelle cellule : un œuf. C'est cet œuf qui donnera le bébé.

Docteur Catherine Dolto-Tolitch, *Neuf Mois pour naître, Les Aventures du bébé dans le ventre de sa maman*, Éditions Gallimard / Giboulées, © Éditions Gallimard Jeunesse, 1998.

Doc. 1

1. Pourquoi faut-il un homme et une femme pour faire un bébé (Doc. 1) ?

2. Pourquoi la grande majorité des spermatozoïdes ne donnent-ils pas de bébés ?

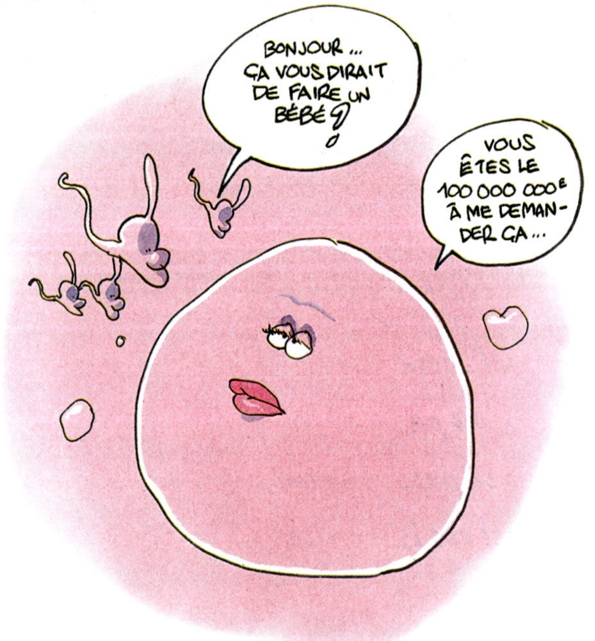

Doc. 2 : La fécondation.
Le Guide du zizi sexuel, Hélène Bruller (scénariste) et Zep (dessinateur), © Éditions Glénat, 2001.

3. Qui sont les deux personnages (Doc. 2) ?

4. Explique ce que dit le personnage féminin.

5. D'après toi, que vont faire les personnages pour « faire un bébé » ?

un bébé ?

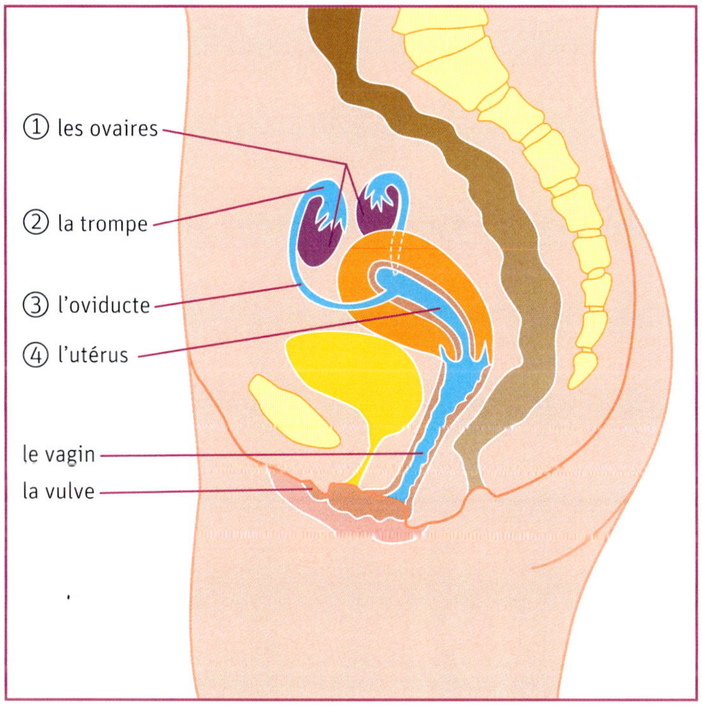

Doc. 3 : L'appareil génital de la femme.

① Les ovules sont fabriqués dans les ovaires.

② Lorsqu'il y a fécondation de l'ovule par un spermatozoïde, elle a lieu dans la trompe.

③ L'ovule non fécondé ou l'embryon, s'il y a eu fécondation, descend dans l'oviducte.

④ L'embryon, puis le fœtus se développent dans l'utérus.

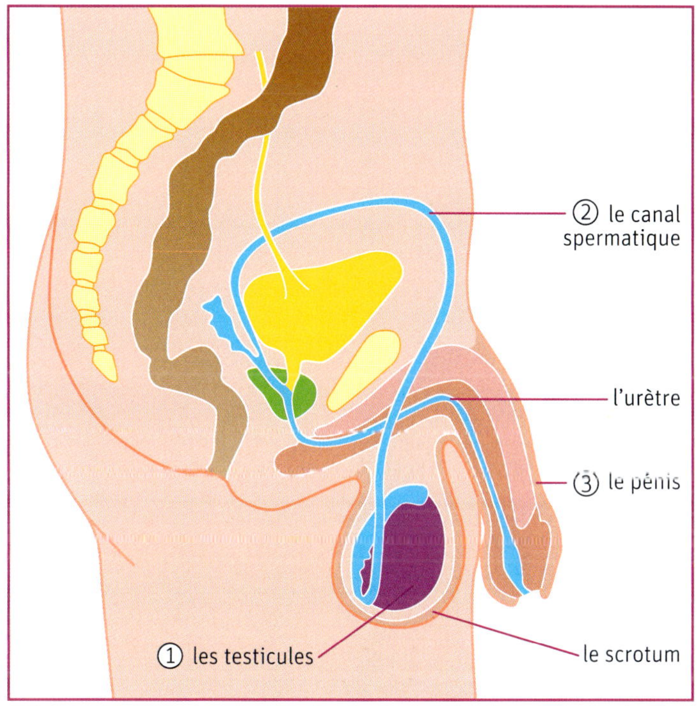

Doc. 4 : L'appareil génital de l'homme.

① Les spermatozoïdes sont fabriqués dans les testicules.

② Ils passent par le canal spermatique pour rejoindre l'urètre.

③ Les spermatozoïdes sont éjectés par le pénis lors de l'éjaculation.

6. Quel chemin suit l'ovule fabriqué par l'ovaire pour descendre jusqu'à l'utérus (Doc. 3) ?

7. Par où passent les spermatozoïdes fabriqués par les testicules avant d'être éjectés (Doc. 4) ?

8. Où se passe la rencontre entre le spermatozoïde et l'ovule ?

9. Quel est le résultat de cette rencontre ?

Doc. 1 : Le développement de l'embryon et du fœtus.
Quelques heures après la fécondation, l'œuf se divise en milliers de cellules pour former l'embryon. Il mesure alors 0,1 mm.

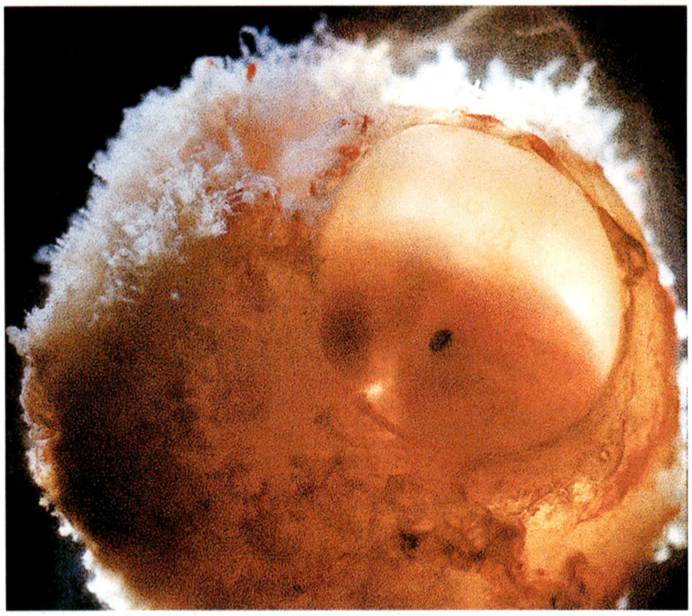

3 semaines : L'embryon mesure 1,5 cm. Il est fixé dans l'utérus de la maman.

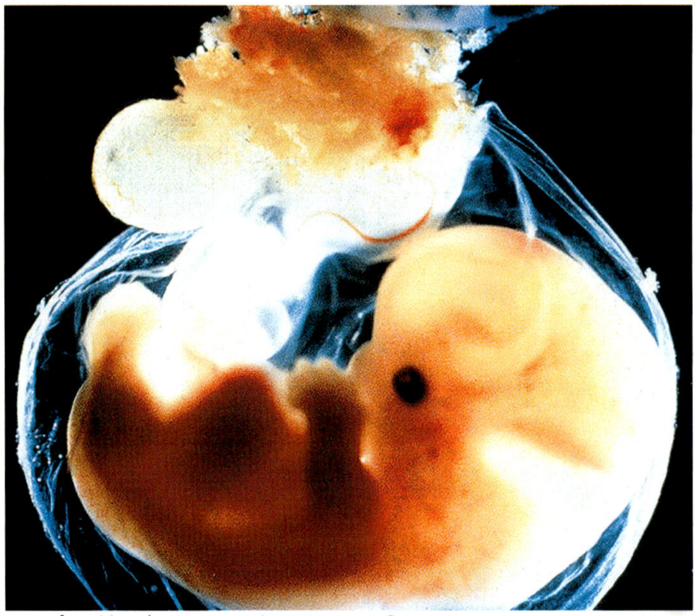

1 mois : L'embryon mesure 2,5 cm. Son cœur commence à battre.

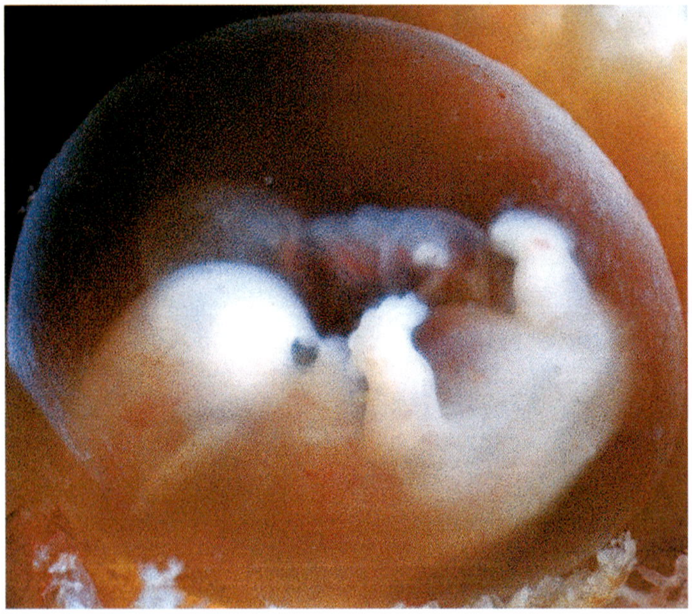

3 mois : Tous les organes sont formés : l'embryon devient un fœtus. Il mesure 9 cm.

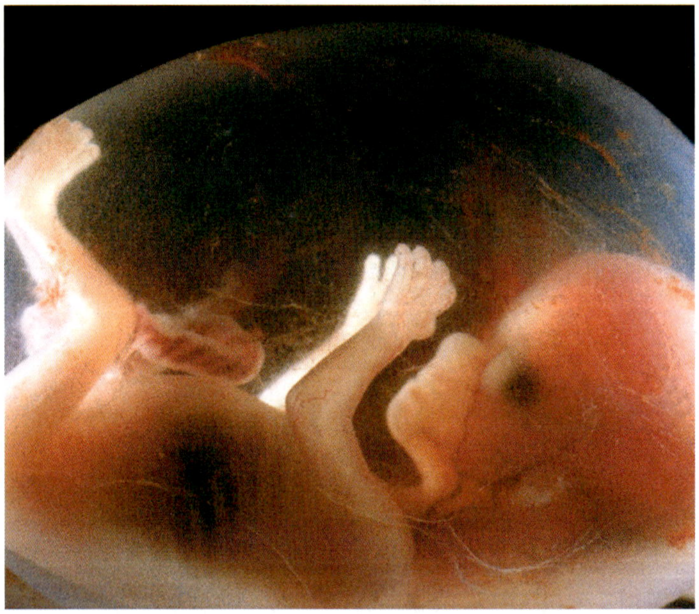

5 mois : Le fœtus mesure environ 24 cm. Il entend. La maman le sent bouger dans son ventre. La naissance a lieu après 9 mois de grossesse. Mais elle est possible à partir du 6e mois. On parle alors de « naissance prématurée ».

1. À quel moment l'embryon devient-il un fœtus ?

2. Décris le développement de l'embryon, puis du fœtus.

3. À partir de quel moment la maman peut-elle sentir son bébé bouger dans son ventre ?

4. D'après toi, une naissance prématurée est-elle sans danger pour le bébé ? Pourquoi ?

UNE GROSSESSE DE 9 MOIS

Pendant la grossesse, le fœtus grandit dans le ventre de sa maman. Il vit dans une poche remplie de liquide qui le protège. Un cordon ombilical le relie au placenta, un organe fixé dans la paroi de l'utérus. Au niveau du placenta, de nombreux échanges ont lieu entre le sang de la mère et celui du fœtus. C'est par là que passent les nutriments* et le dioxygène transmis par la mère à l'enfant. Mais certains microbes peuvent aussi traverser le placenta et la maman peut donc transmettre des maladies au fœtus.

* Aliments réduits en éléments microscopiques.

Doc. 2

5. Comment le fœtus est-il relié à sa maman ?

6. Quel est le rôle du placenta ?

7. Pourquoi la femme enceinte doit-elle faire attention à ce qu'elle mange, à ce qu'elle boit et aux maladies ?

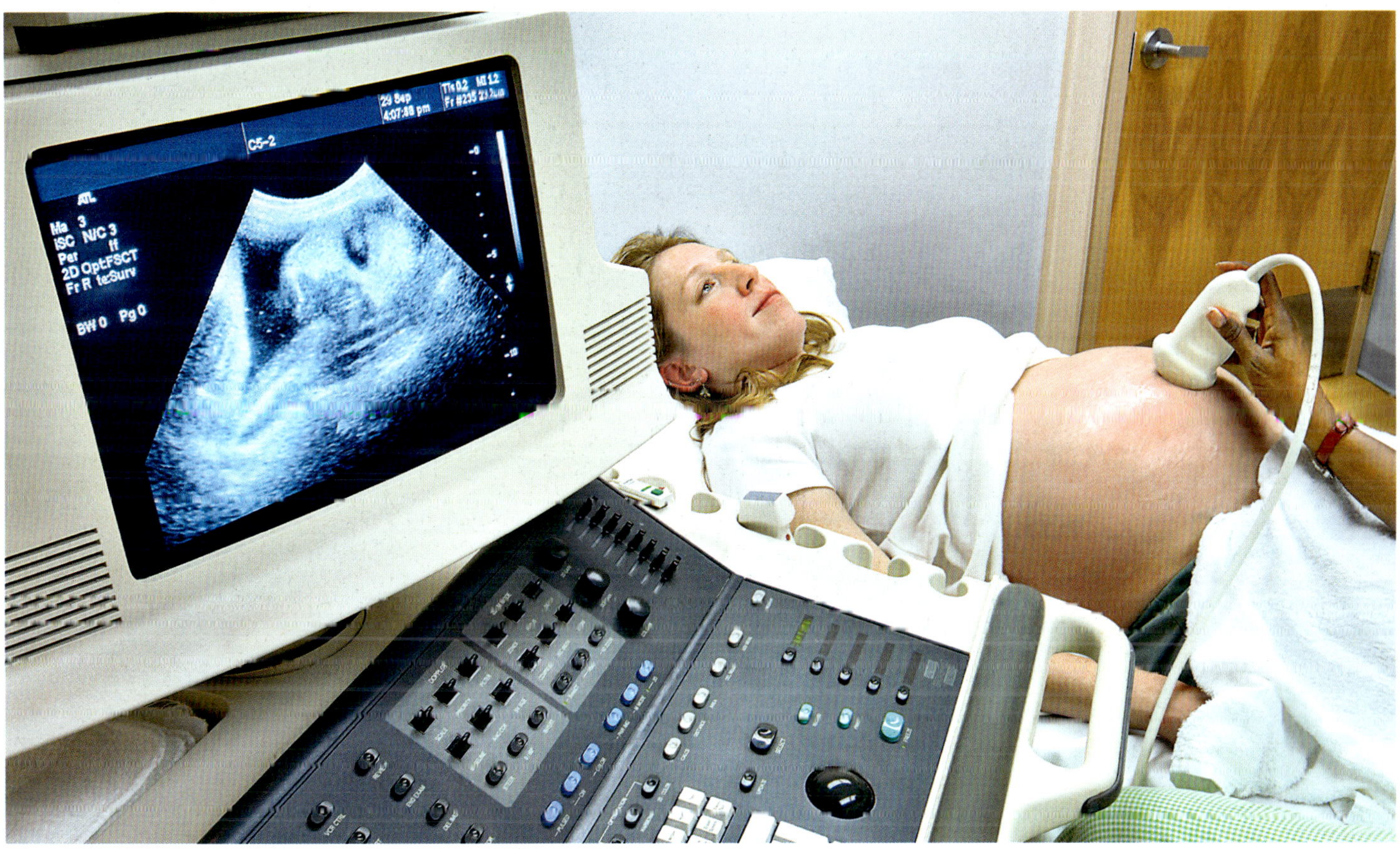

Doc. 3 : Surveiller le développement du fœtus.
Le médecin effectue une échographie pour suivre le développement du fœtus et détecter d'éventuelles malformations. Il fait glisser un capteur sur le ventre de la maman et l'image apparaît sur un écran.

8. Comment le médecin fait-il pour observer le bébé ?

9. Qu'observes-tu sur l'écran ?

10. À quoi sert une échographie ?

Comment le bébé vient-il

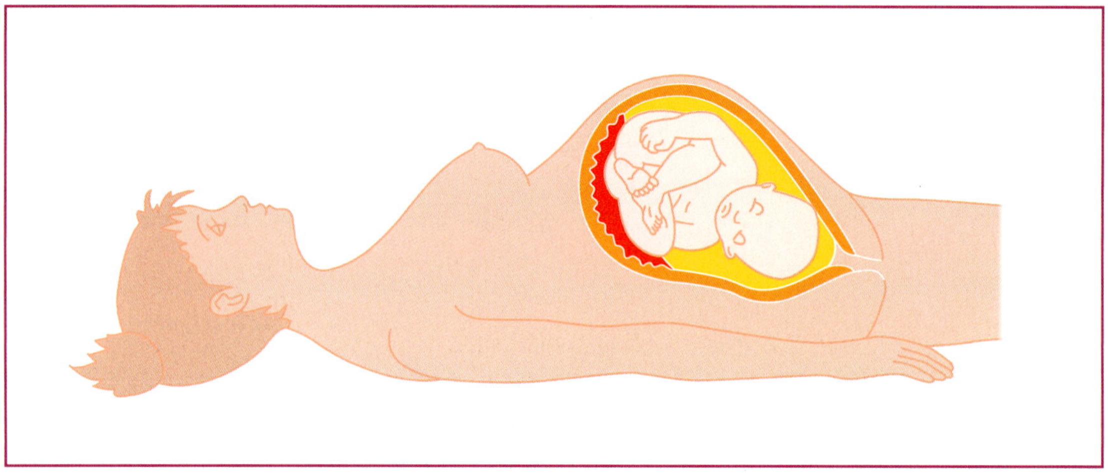

Étape 1 : Quand le bébé est prêt à naître, la poche de liquide qui le protège s'ouvre : la maman « perd les eaux ».

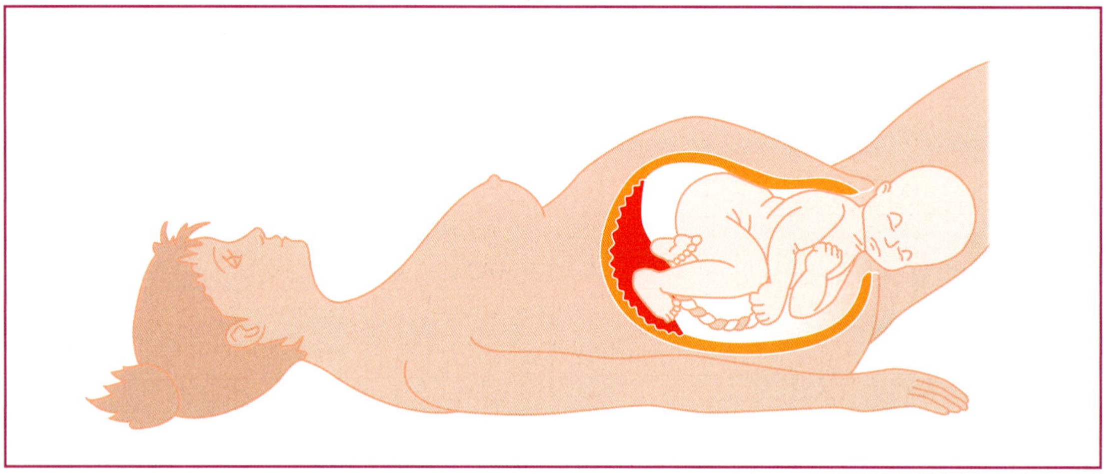

Étape 2 : Les muscles de l'utérus se contractent et poussent le bébé. Le col de l'utérus se dilate pour lui permettre de sortir.

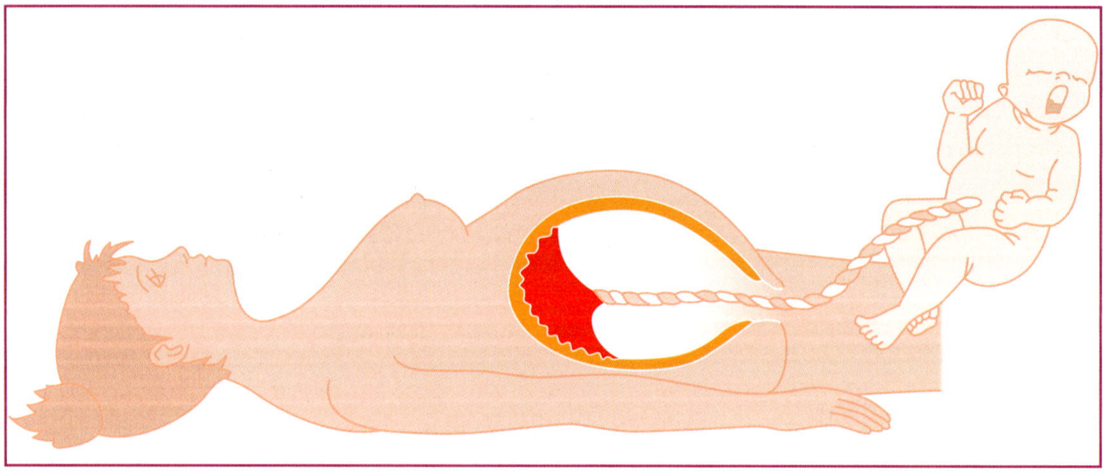

Étape 3 : Le bébé est né : il respire pour la première fois. Il n'a plus besoin du placenta. Le cordon ombilical qui le relie à sa maman est coupé.

Doc. 1 : **Les étapes de l'accouchement.**

1. Que se passe-t-il lorsque le bébé est prêt à naître (Étape 1) ?

2. Comment le bébé sort-il du ventre de sa mère (Étape 2) ?

3. Pourquoi le bébé n'a-t-il plus besoin du cordon ombilical lorsqu'il est né (Étape 3) ?

L'ALLAITEMENT

Après la naissance, le papa et la maman s'occupent du bébé.
Les seins de la maman fabriquent du lait pour le nourrir.
Le lait maternel est un aliment complet, à la bonne température pour le bébé. Mais parfois la maman ne peut pas ou ne veut pas allaiter.
Il existe alors dans le commerce du lait maternisé qui apporte tout ce qui est nécessaire au développement du bébé : des nutriments et des vitamines.

Une maman allaite son bébé.

Doc. 2

4. Que fait la maman ?

5. Que fait le bébé ?

6. Qu'apporte le lait maternel ou le lait maternisé au bébé ?

BLOC-NOTES

La fécondation

Les **appareils génitaux sont différents** chez l'homme et la femme. Ils ne commencent à fonctionner qu'à l'adolescence en vue de la reproduction. La femme a des ovaires qui produisent des **ovules**. L'homme a des testicules qui produisent des **spermatozoïdes**.

Chaque mois, un des deux ovaires de la femme libère un ovule. Cet ovule descend dans la trompe, puis rejoint l'**utérus**. Après un **rapport sexuel**, un spermatozoïde peut pénétrer dans l'ovule : c'est la **fécondation**. L'œuf ainsi formé s'installe dans la paroi de l'utérus de la maman.

Le développement du fœtus

Pendant 9 mois, l'**embryon**, puis le **fœtus**, grandit et se développe dans le ventre de sa mère. Le cœur commence à battre dès l'âge de 1 mois. À 3 mois, **tous les organes sont formés** : on parle alors de « fœtus ». **Il est nourri par le cordon ombilical**, relié au **placenta** : c'est par là que passent les **nutriments** et le dioxygène transmis par sa mère. Pendant la grossesse, la femme enceinte doit surveiller son alimentation et faire attention aux maladies, car les microbes peuvent aussi être transmis au bébé.

Le fœtus est surveillé par un médecin grâce à l'**échographie**. Cet examen permet de vérifier qu'il n'y a pas d'anomalies visibles et que le développement du fœtus se déroule normalement.

La naissance du bébé

Lors de l'**accouchement**, le bébé est poussé par des **contractions de l'utérus**. Il sort en général la tête la première en passant par le col de l'utérus qui s'est largement ouvert. Le bébé commence à **respirer de l'air** et devient autonome dès qu'on coupe le cordon ombilical. La maman peut alors commencer, si elle le souhaite, à l'**allaiter** avec le lait sécrété par ses seins.

Je construis deux pantins

Pour observer et comprendre comment fonctionnent les articulations et les muscles, tu vas réaliser des maquettes.

Matériel

Pour les 2 pantins :

- une plaque de carton découpée :
  - 16 morceaux rectangulaires pour les bras et les jambes ;
  - 2 grands morceaux pour figurer les torses des pantins. Tu découpes la forme de la tête.
- 14 attaches parisiennes.

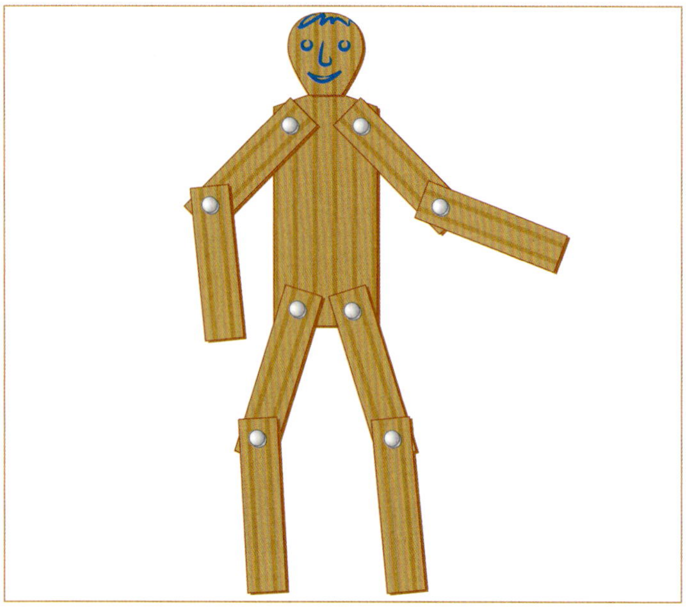

Un pantin de face.

Un pantin de profil.

Je compare avec les mouvements de mon corps

Fais bouger les bras et les jambes de chaque pantin et regarde comment bougent les articulations au niveau des attaches parisiennes.

Tu remarques que le pantin de face ne peut qu'écarter les bras et les jambes, alors que le pantin de profil ne peut aller que vers l'avant ou l'arrière.

Et toi ? Complète le tableau en cochant la case quand l'articulation du pantin bouge dans le même sens que celle de ton corps.

	épaule	coude	hanche	genou
Pantin de face				
Pantin de profil				

Tu remarques qu'aucun des deux pantins n'est capable de faire exactement les mêmes mouvements que toi.

Je construis une maquette

Maintenant que tu as observé les mouvements de tes articulations, tu vas comprendre le rôle des muscles. Pour cela, construis la maquette de ton bras.

Les étapes de construction

- Fixe les 2 morceaux de carton avec du ruban adhésif.
- Attache une ficelle sur les 2 morceaux de carton. Elle représente le muscle fléchisseur du bras : le biceps.
- L'autre ficelle va représenter le muscle extenseur du bras : le triceps.

Matériel

- 2 morceaux de carton épais de 20 cm de long et 4 cm de large ;
- du ruban adhésif ;
- 2 morceaux de ficelle de 30 cm de long.

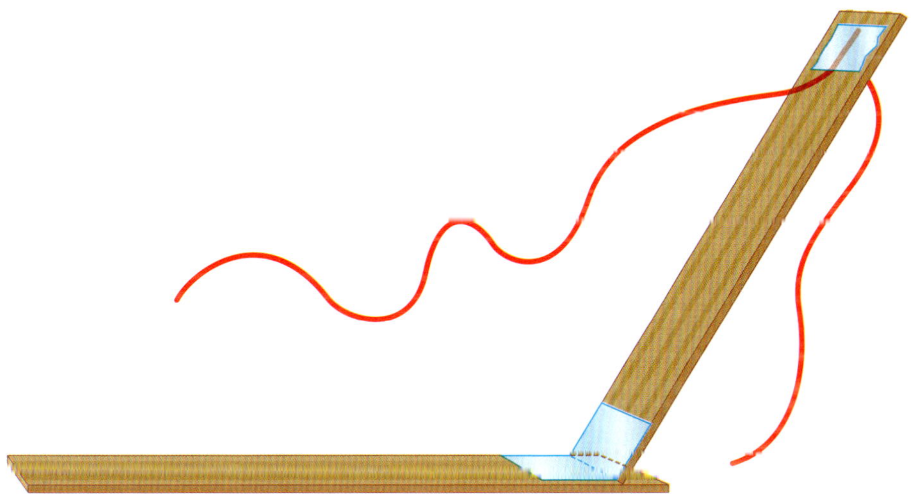

Je comprends comment les muscles font plier le bras

Trouve la bonne position de la ficelle qui représente le biceps. En se raccourcissant, elle provoque la flexion du bras.

Trouve la bonne position de la ficelle qui représente le triceps. En se raccourcissant, elle provoque l'extension du bras.

Je conclus sur les mouvements des articulations et le rôle des muscles

Tu as compris que les articulations du genou et du coude ne bougent que dans un sens, contrairement à celle de l'épaule et de la hanche.

Pour permettre le mouvement au niveau de l'articulation, le muscle doit être accroché sur les os des deux côtés de l'articulation.

Quelles sont les étapes

De l'enfance à l'âge adulte, le corps se transforme.
Les os grandissent et les dents de lait tombent. À la puberté, le corps se modifie : l'enfant devient un adulte capable de procréer.

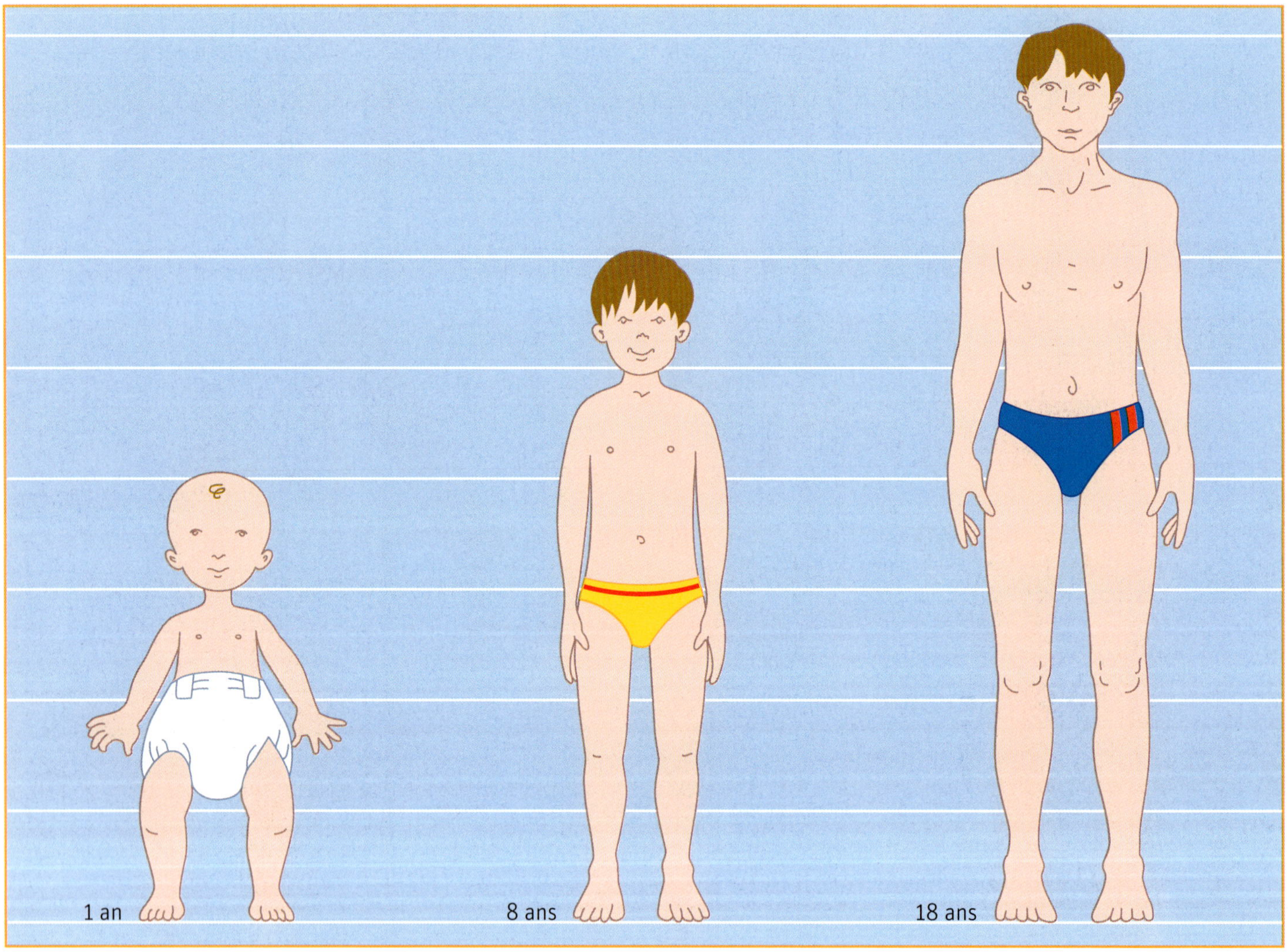

Doc. 1 : La croissance du corps, de la petite enfance à l'âge adulte.

1. Observe la taille de la tête du bébé de 1 an et compare-la à celle de son corps. Que remarques-tu ? et pour l'adulte ?

2. Observe la longueur des jambes de l'enfant de 8 ans et compare-la à celle de son corps. Que remarques-tu ? et pour l'adulte de 18 ans ?

3. À quel moment les bras et les jambes grandissent-ils le plus vite ?

de la croissance ?

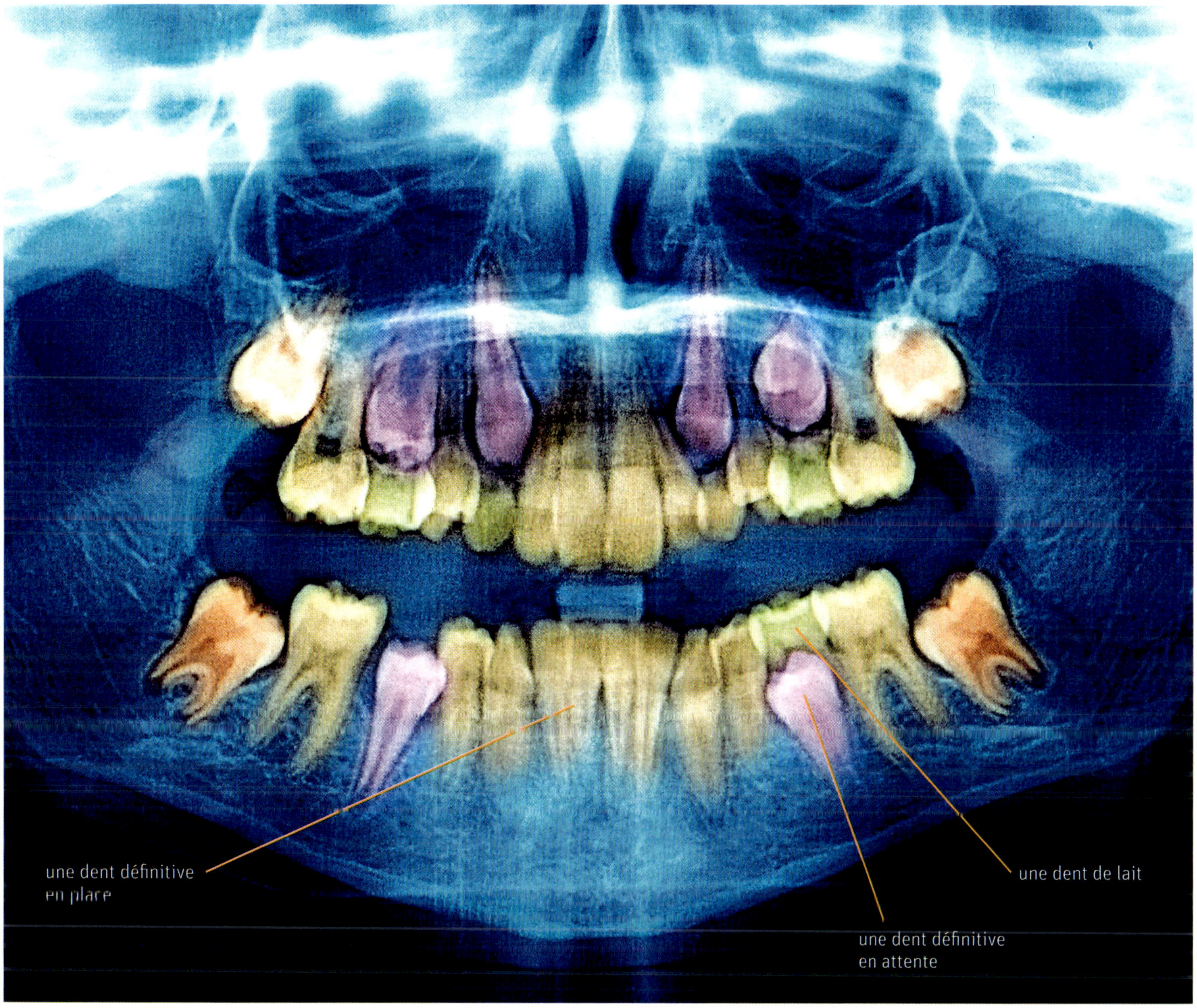

Doc. 2 : Une radiographie des mâchoires d'un enfant de 6 ans.

4. Qu'est-ce qu'une dent de lait ?

5. Repère les dents de lait. Combien en observes-tu ?

6. Qu'est-ce qu'une dent définitive ?

7. Repère les dents définitives qui sont encore en attente dans les mâchoires.

8. Repère la dent définitive qui est en train de sortir.

Zone du corps	Transformations visibles	Transformations non visibles
Visage	De l'acné peut apparaître (rougeurs et boutons).	
Aisselles (sous les bras)	Des poils poussent.	
Poitrine	Les seins se développent.	
Ventre	La taille s'affine. Le bassin s'élargit.	Les ovaires commencent à libérer un ovule chaque mois.
Bas du ventre	Des poils poussent autour du sexe. Les règles apparaissent chaque mois.	L'utérus se prépare chaque mois à recevoir un embryon.
Bras et jambes	Les membres s'allongent.	

Doc. 1 : Le corps de la fille change à la puberté.

1. Quelles sont les transformations visibles du corps de la fille à la puberté ?

2. Quelles sont celles qui ne sont pas visibles ? Que permettent-elles ?

LES RÈGLES

La puberté est le moment de la vie où l'enfant devient un adulte capable de procréer. Chez la fille, les premières règles, ou menstruations, en sont le signe. Elles apparaissent entre 9 et 16 ans. Chaque mois, un des ovaires produit un ovule. L'utérus se prépare alors à une éventuelle fécondation : sa paroi s'épaissit pour former un « petit nid » plein de vaisseaux sanguins pour protéger et nourrir l'œuf.
Si l'ovule n'est pas fécondé, il est expulsé 14 jours après l'ovulation avec le sang dont l'utérus s'est gonflé pour recevoir l'embryon : ce sont les règles. Elles durent 3 à 5 jours.
Si l'ovule est fécondé, l'œuf se fixe dans le « petit nid ». La femme n'aura pas ses règles pendant toute la durée de la grossesse.
Contrairement à l'homme, la femme ne peut pas procréer toute sa vie.
Les règles s'arrêtent à la ménopause, vers 50-55 ans.

3. Qu'est-ce que la puberté ?

4. Que se passe-t-il chaque mois dans l'utérus de la femme ?

5. Pourquoi les femmes perdent-elles du sang au moment des règles ?

6. Lorsqu'une femme en âge de procréer n'a plus ses règles, qu'est-ce que cela signifie ?

Doc. 2

à l'adolescence ?

7. Qu'est-ce qu'« attraper la puberté », d'après Titeuf ?

8. Quelles caractéristiques du corps d'un adulte vois-tu sur le dessin de l'homme ?

Doc. 3 : « Attraper la puberté »
Le Guide du zizi sexuel,
Hélène Bruller (scénariste)
et Zep (dessinateur),
© Éditions Glénat, 2001.

Zone du corps	Transformations visibles	Transformations non visibles
Visage	De l'acné peut apparaître. Des poils poussent sur les joues, le menton et la moustache.	
Cou	La pomme d'Adam se forme.	La voix mue (elle devient plus grave).
Aisselles (sous les bras)	Des poils poussent.	
Poitrine	Des poils poussent.	
Bas du ventre	Des poils poussent autour du sexe.	Les testicules commencent à fabriquer des spermatozoïdes.
Bras et jambes	Les membres s'allongent. Les muscles augmentent de volume.	

Doc. 4 : Le corps du garçon change à la puberté.

9. Quelles sont les transformations visibles du corps du garçon à la puberté ?

10. Quelles sont celles qui ne sont pas visibles ?

11. Pourquoi le garçon peut-il procréer à partir de la puberté ?

Qu'est-ce qui provoque ces transformations

LES HORMONES AGISSENT SUR NOTRE CORPS

Les hormones sont des substances produites par des glandes situées dans diverses parties du corps. Elles agissent sur les transformations de notre corps : croissance, pilosité, etc.

– Les glandes sexuelles (les testicules chez l'homme et les ovaires chez la femme) fabriquent des hormones qui entraînent les transformations du corps à la puberté : apparition de poils, mue de la voix…

– Une glande située dans notre cou, la thyroïde, produit une hormone qui favorise la croissance en longueur des os.

– Une glande située à la base du cerveau, l'hypophyse, produit aussi une hormone qui permet la croissance du corps : l'hormone de croissance. Cette hormone est produite pendant les phases de sommeil profond. Elle permet au corps de grandir en stimulant la croissance des os. Aussi, quand on est enfant, le manque de sommeil peut perturber la croissance. Lorsqu'on devient adulte, la production de cette hormone baisse beaucoup.

1. À quoi servent les hormones (Doc. 1) ?

2. Pourquoi faut-il dormir longtemps lorsque l'on est enfant ?

Doc. 1

3. Quelles glandes sont communes à l'homme et à la femme ? Lesquelles sont spécifiques (Doc. 2) ?

4. Quelle glande est responsable des transformations du corps du garçon à la puberté ? et de celui de la fille ?

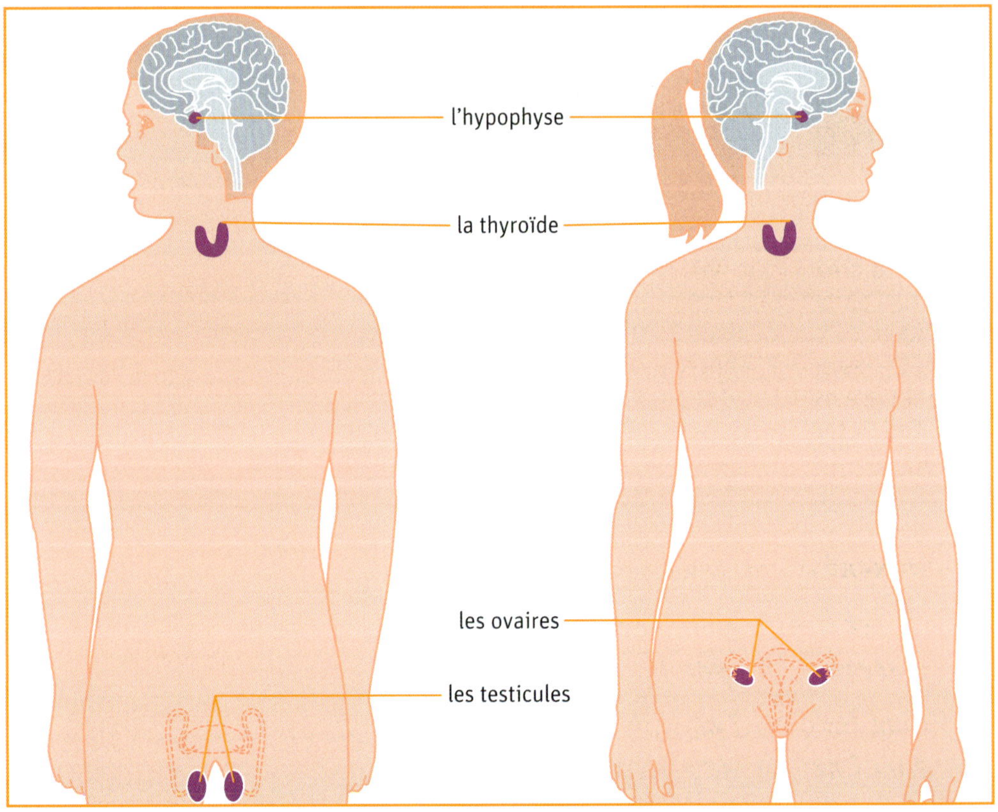

Doc. 2 : Les glandes hormonales.

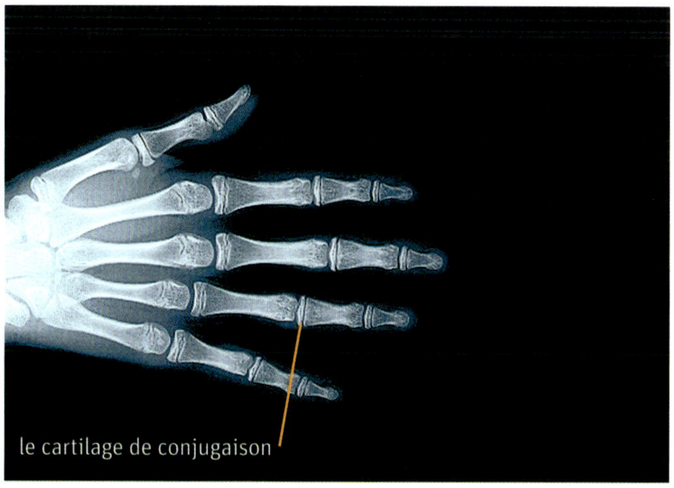

La main d'un enfant.

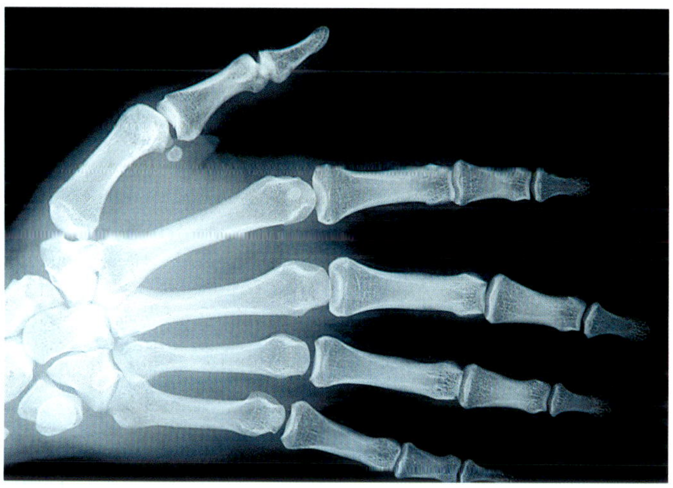

La main d'un adulte.

Doc. 3 : La croissance des os.
Les os de l'enfant grandissent grâce à un tissu : le cartilage de conjugaison. Ce tissu se situe près de la tête des os. Pendant la croissance, il fabrique de la matière osseuse, qui permet aux os de s'allonger. Après l'adolescence, il disparaît et les os ne peuvent plus grandir.

5. Comment les os grandissent-ils ?

6. Quel est le rôle de l'hormone de croissance ? Tu peux t'aider du Doc. 1.

7. Utilise les Doc. 1 et 3 pour expliquer pourquoi l'adulte ne peut plus grandir.

BLOC-NOTES

La croissance du corps

La **croissance** du corps est rapide pendant les premières années de la vie, puis s'accélère de nouveau au début de l'adolescence.
Chez le bébé, la tête est plus grosse par rapport au corps que chez l'adulte. À l'adolescence, les bras et les jambes s'allongent rapidement, puis le corps s'élargit.

Dès l'âge de 6 mois, les 20 **dents de lait** sortent les unes après les autres. Elles vont toutes tomber à partir de 6 ans pour être remplacées par des **dents définitives**. Un adulte peut avoir jusqu'à **32 dents**.

Les transformations du corps à la puberté

– **Chez les filles :** entre 9 et 16 ans, les seins gonflent ; les poils poussent autour du sexe et sous les bras. Un **ovule** est produit chaque mois et les premières **règles** apparaissent.

– **Chez les garçons :** entre 10 et 18 ans, la taille augmente vite ; des poils poussent autour du sexe et sous les bras, parfois sur le torse ; la barbe pousse sur le visage ; la voix mue et devient plus grave ; des **spermatozoïdes** commencent à être produits.

À partir de ce moment, la fille et le garçon peuvent **procréer**, c'est-à-dire faire des enfants.

La croissance cesse rapidement après la **puberté**.

Le rôle des hormones

La croissance et les transformations du corps à la puberté sont dues à des **hormones**. Ce sont des substances produites par des **glandes**, comme l'hypophyse à la base du cerveau ou la thyroïde dans le cou. Par exemple, l'hormone de croissance, qui permet la croissance des os, est sécrétée pendant le sommeil, d'où l'importance de dormir quand on est un enfant.

Chez l'enfant, les os grossissent sur les bords et grandissent grâce à un tissu, le **cartilage de conjugaison**, situé à leurs extrémités. Ce cartilage disparaît à l'âge adulte : les os ne peuvent plus grandir !

Que se passe-t-il

*Notre corps a besoin de manger pour vivre.
Les aliments sont digérés et permettent à notre corps d'être actif et de rester en bonne santé.*

Doc. 1 : Un bébé mange de la bouillie.

1. Quelles parties du corps utilisons-nous pour manger ?

2. Pourquoi le bébé ne mange-t-il que des aliments mixés sous forme de bouillie ?

Doc. 2 : Un enfant sur son pot.

3. À ton avis, que deviennent les aliments que nous mangeons ?

4. Qu'est-ce qui est rejeté par l'enfant du Doc. 2 ?

UNE EXPÉRIENCE SUR LA DIGESTION

Lazzaro Spallanzani fait une expérience pour étudier la digestion en 1750. À son époque, on pensait que la digestion était due à une action mécanique et que les aliments étaient simplement « broyés » dans le corps.

« J'étais obligé d'avaler un tube, que je fis en bois et non en laiton, craignant quelque accident fâcheux par son séjour dans mon estomac ou mes boyaux. Dans le tube, je plaçai un morceau de viande. La paroi du tube, fermé à ses deux bouts, était criblée de petits trous. Je récupérai le tube intact après son voyage dans mon corps. Je trouvai alors la viande gélatineuse et défaite. »

Jean Senebier, *Expériences sur la digestion de l'homme de l'abbé Spallanzani*, 1785.

Doc. 3

5. Quelle hypothèse Lazzaro Spallanzani teste-t-il ?

6. Pourquoi la viande ne peut-elle pas avoir été digérée par une action mécanique de l'estomac ?

7. Qu'est-ce qui prouve que la viande a bien été digérée ?

quand on mange ?

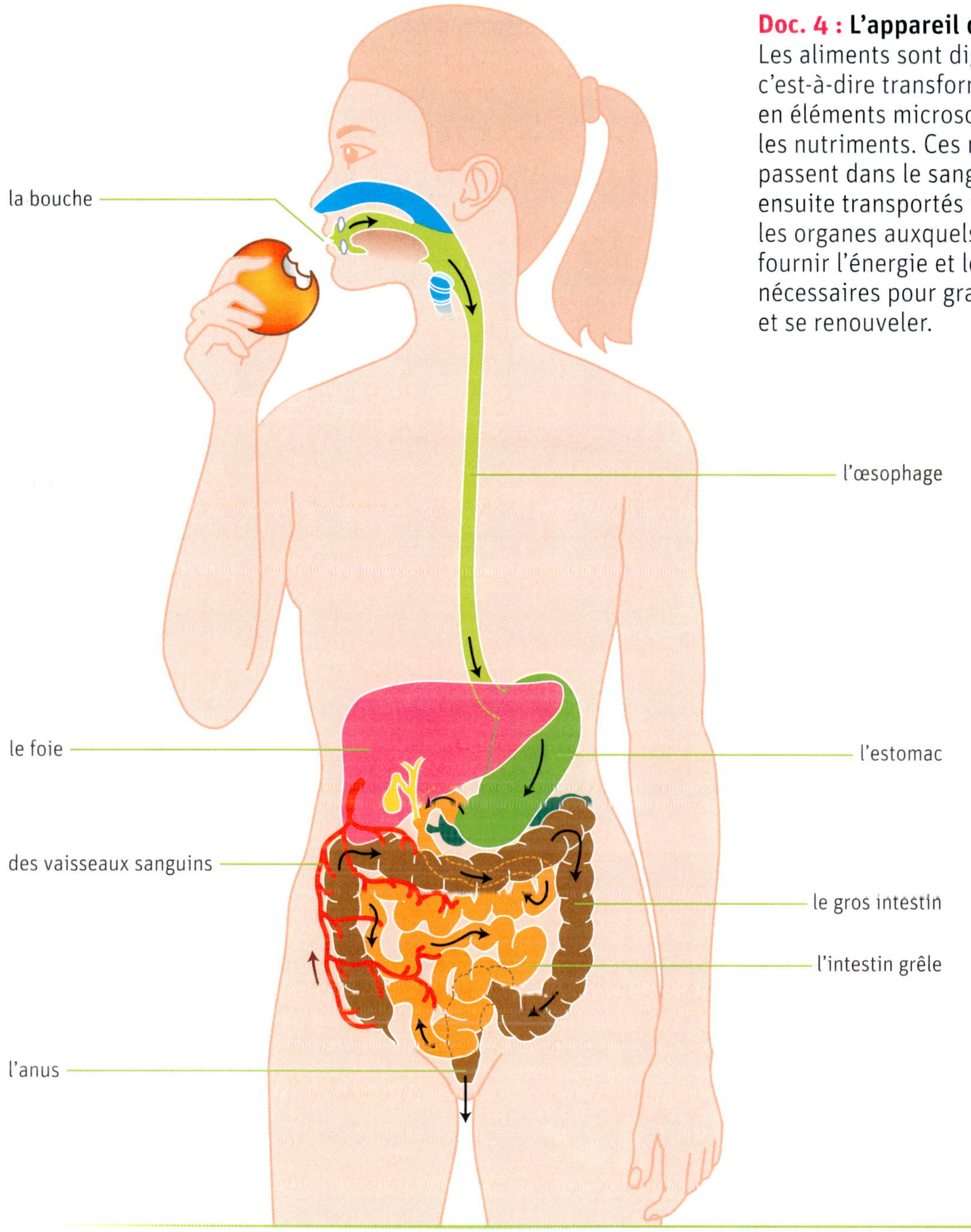

Doc. 4 : L'appareil digestif. Les aliments sont digérés, c'est-à-dire transformés en éléments microscopiques : les nutriments. Ces nutriments passent dans le sang. Ils sont ensuite transportés vers tous les organes auxquels ils vont fournir l'énergie et les matériaux nécessaires pour grandir et se renouveler.

8. Décris le circuit des aliments depuis la bouche.

9. Quelles transformations subissent-ils ?

10. Dans quels organes du tube digestif ces transformations ont-elles lieu ?

11. Que deviennent les aliments digérés ?

Qu'est-ce qui est bon

Catégorie d'aliments	Exemples d'aliments	Apports pour le corps
Fruits et légumes 	Carottes, poireaux, épinards, tomates, pommes, pêches…	Fibres pour bien digérer, vitamines pour rester en bonne santé
Féculents 	Pain, pommes de terre, riz, légumes secs, céréales...	Sucres lents pour fournir de l'énergie
Lait et produits laitiers 	Lait, yaourt, fromage	Calcium pour grandir et garder des os solides
Viandes et poissons 	Viandes, volailles, poissons, œufs	Protéines pour renouveler les cellules
Matières grasses ajoutées 	Beurre, huile, crème	Énergie et vitamines
Produits sucrés 	Pâtisseries, boissons sucrées, glaces, bonbons...	Sucres et graisses inutiles et dangereux pour la santé
Eau 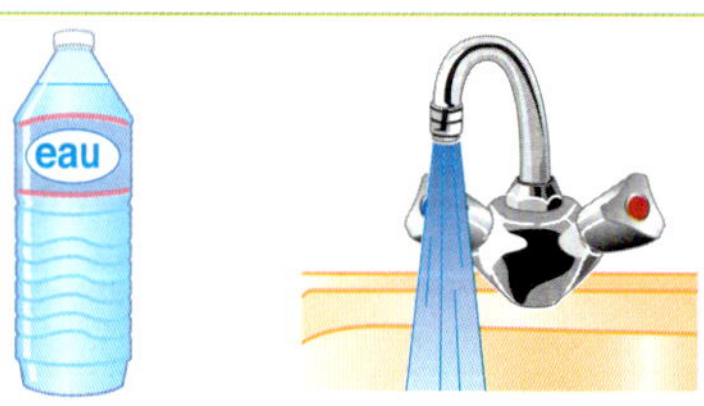	Eau du robinet, eau en bouteille	Pour renouveler l'eau du corps

Doc. 1 : Les différentes catégories d'aliments et leurs apports pour le corps.

1. Pourquoi faut-il manger des fruits et légumes ?

2. Quels aliments contiennent des sucres ? Pourquoi faut-il en limiter la consommation ?

3. Qu'apportent les produits laitiers au corps ? Pourquoi cet apport est-il essentiel ?

Doc. 2 : La nourriture dans la vie quotidienne.

4. Quels sont les comportements à éviter pour rester en bonne santé ? Explique pourquoi.

5. Quels sont les comportements à adopter pour rester en bonne santé ? Explique pourquoi.

L'OBÉSITÉ

L'obésité est un excès de graisse dans le corps. Elle concerne 15 % des enfants en France. Ce nombre a doublé en 20 ans. Près des deux tiers d'entre eux deviennent des adultes obèses. Ils risquent des problèmes cardiaques, du diabète (taux de sucre trop important dans le sang) et beaucoup d'autres ennuis de santé.

Dans certains cas, la cause de l'obésité est génétique : elle est héritée d'un des parents. Mais le problème vient surtout de notre mode de vie. La publicité nous incite à grignoter entre les repas, à manger trop d'aliments riches en graisses et en sucres, à boire des sodas et des boissons sucrées au lieu de boire de l'eau.

À ces mauvaises pratiques alimentaires s'ajoute une augmentation du temps passé immobile devant la télévision ou l'ordinateur. Ce manque d'activité physique ne permet pas à notre corps de consommer les sucres et les graisses absorbés.

6. Qu'est-ce que l'obésité ?

7. Que risquent les personnes obèses ?

8. Quels aliments favorisent l'obésité ?

9. Quelles autres causes de l'obésité sont citées dans ce texte ?

Doc. 3

Comment avoir une bonne

Catégorie d'aliments	Consommation
Fruits et légumes 	À chaque repas. Au moins 5 par jour. Crus ou cuits.
Féculents 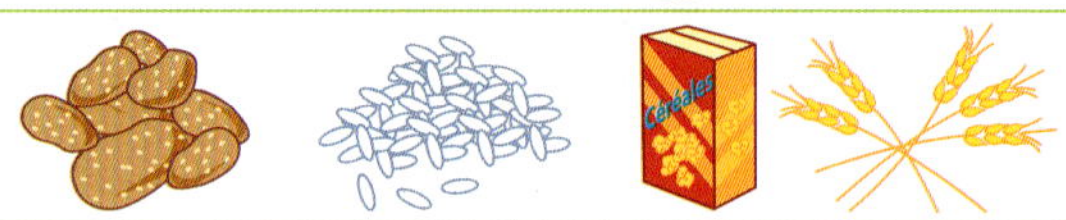	À chaque repas, en variant le type de féculents consommé.
Lait et produits laitiers 	3 à 4 fois par jour, en variant le type de produits laitiers consommé.
Viandes et poissons 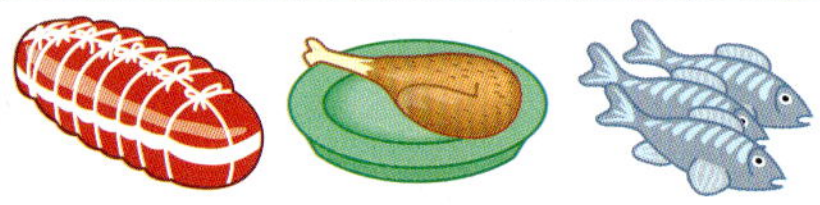	1 à 2 fois par jour, en privilégiant les moins gras.
Matières grasses ajoutées 	En petite quantité, en privilégiant les graisses végétales.
Produits sucrés 	Limiter la consommation.
Eau 	À volonté.

Doc. 1 : La consommation des aliments.

1. Quels aliments faut-il manger chaque jour (Doc. 1) ?

2. Quels aliments faut-il éviter ?

3. Propose un menu équilibré pour chaque repas de la journée.

4. L'alimentation de cette famille est-elle variée (Doc. 2) ? Pourquoi ?

5. Quels types d'aliments sont présents sur la table ? Qu'apportent-ils au corps ?

Doc. 2 : Un repas de famille.

Doc. 3 : Une affiche du Programme national Nutrition Santé.

6. Qui a créé cette affiche ? D'après toi, pourquoi ?

7. Quels conseils cette affiche donne-t-elle pour rester en bonne santé ?

8. À ton avis, pourquoi faut-il bouger de 30 minutes à 1 heure par jour ?

9. Sur quel site Internet peux-tu trouver des informations complémentaires sur la santé et l'alimentation ?

10. À ton tour, crée une affiche pour encourager tes amis et ta famille à bien manger.

BLOC-NOTES

La digestion des aliments

Lorsque nous mangeons, les aliments sont coupés en petits morceaux dans la bouche par les dents. Ils traversent ensuite les organes du **tube digestif** pour être digérés. L'**estomac** les réduit en bouillie. Dans l'**intestin**, des **sucs digestifs** les transforment en éléments microscopiques : les **nutriments**. Ces nutriments passent ensuite dans le sang pour être **distribués à tous les organes du corps**. Il faut un ou deux jours pour digérer un repas. Dans le **gros intestin**, des bactéries terminent la digestion. Tout ce qui n'est pas utilisable par le corps est rejeté par l'**anus**.

Les catégories d'aliments

Les aliments fournissent à notre corps l'énergie et les substances nécessaires à son fonctionnement. On distingue 7 catégories d'aliments :
– les aliments riches en **fibres** pour favoriser la digestion et en **vitamines** pour rester en forme : **les légumes et les fruits** ;
– les aliments riches en **protéines** pour assurer le renouvellement des cellules : **les viandes, les poissons et les œufs** ;
– les aliments riches en **calcium** pour grandir : **le lait et les produits laitiers** ;
– les aliments riches en **sucres lents** pour fournir au corps de l'énergie : **les féculents** ;
– les aliments riches en **graisses** pour fournir de l'énergie et des **vitamines** : **les matières grasses** ;
– **les produits sucrés**, à éviter ;
– **l'eau**, indispensable à la vie.

Une bonne hygiène de vie

Pour rester en bonne santé, il faut **avoir une bonne hygiène de vie** :
– boire de l'eau et avoir une **alimentation équilibrée**, en évitant les aliments trop sucrés et trop gras ;
– **pratiquer une activité physique régulière**.

Une mauvaise hygiène de vie empêche le corps d'éliminer les graisses et les sucres et peut provoquer l'**obésité**, qui est dangereuse pour la santé.

Comment

Nous avons besoin de respirer pour vivre.
Lorsque nous respirons, nous absorbons de l'air.
Notre corps utilise le dioxygène dont il a besoin,
puis rejette du dioxyde de carbone et de la vapeur d'eau dans l'air.

Doc. 1 : Des plongeurs avec leurs bouteilles d'oxygène.

1. Pourquoi ces plongeurs portent-ils des bouteilles d'oxygène sur le dos ?

2. Comment sont-ils reliés à ces bouteilles ?

3. À ton avis, ces plongeurs pourraient-ils rester longtemps sous l'eau sans leurs bouteilles ? Explique pourquoi.

4. À quoi vois-tu qu'ils respirent ?

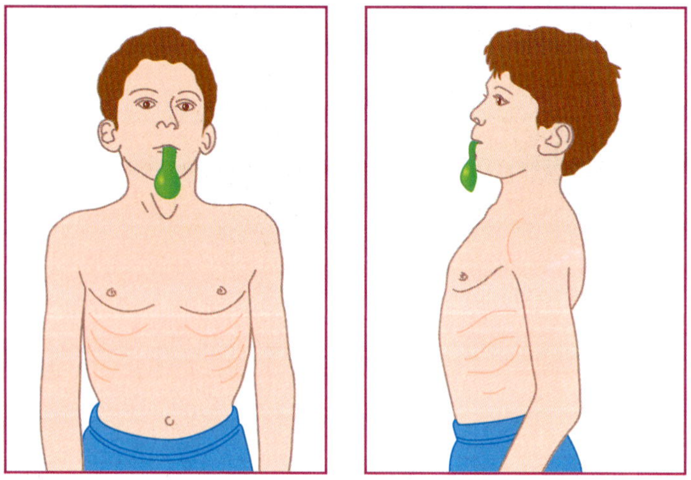

L'enfant inspire en gonflant ses poumons.

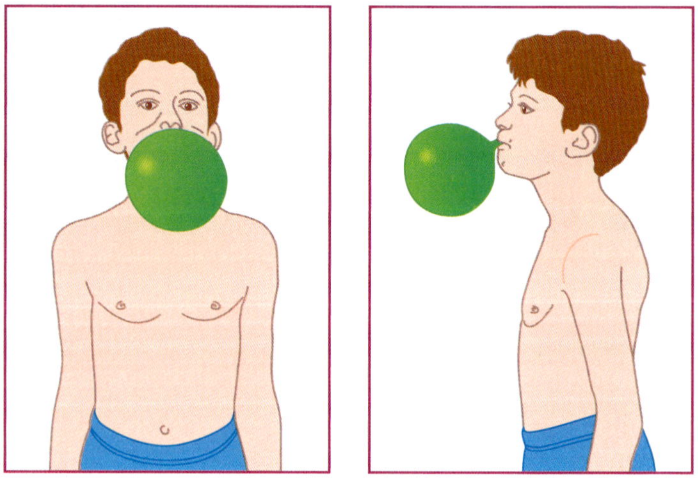

L'enfant expire en vidant ses poumons.

Doc. 2 : Pour respirer, nous inspirons, puis nous expirons de l'air.

5. Que se passe-t-il quand l'enfant inspire de l'air ?

6. Que se passe-t-il quand l'enfant expire de l'air ?

7. D'où vient l'air qui remplit le ballon ?

respire-t-on ?

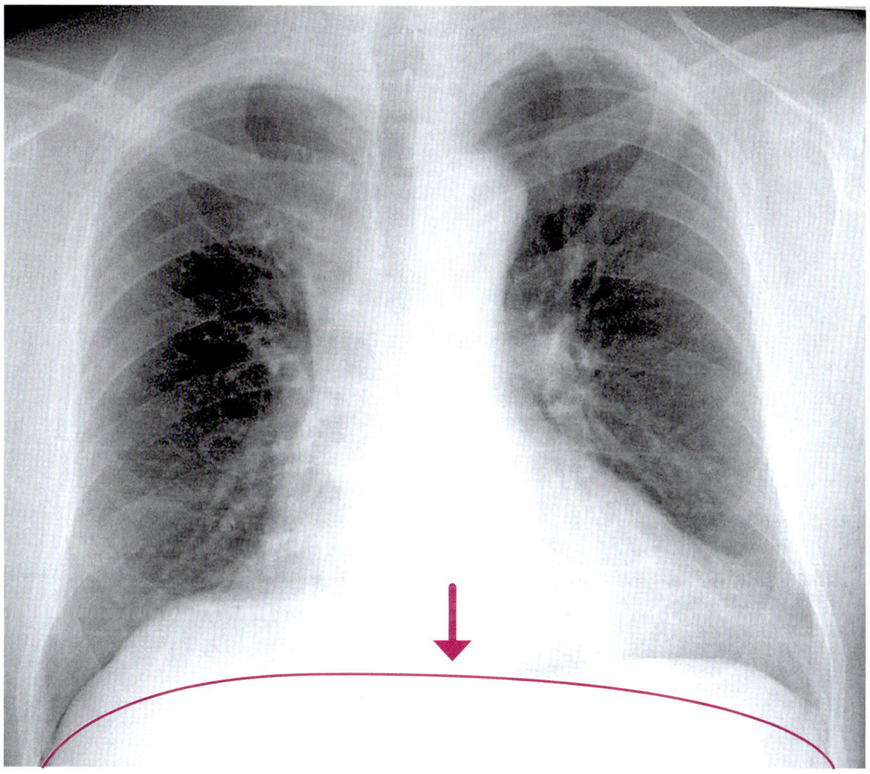

Doc. 3 : Une radiographie des poumons en fin d'inspiration.
Le diaphragme est un muscle situé sous les poumons.
Pour faire entrer l'air dans les poumons, le diaphragme se contracte et agrandit la cage thoracique.

8. Quelles différences vois-tu entre ces deux photographies ?

9. Que se passe-t-il pendant l'inspiration (Doc. 3) ?

10. Que se passe-t-il pendant l'expiration (Doc. 4) ?

11. Quel est le rôle du diaphragme ?

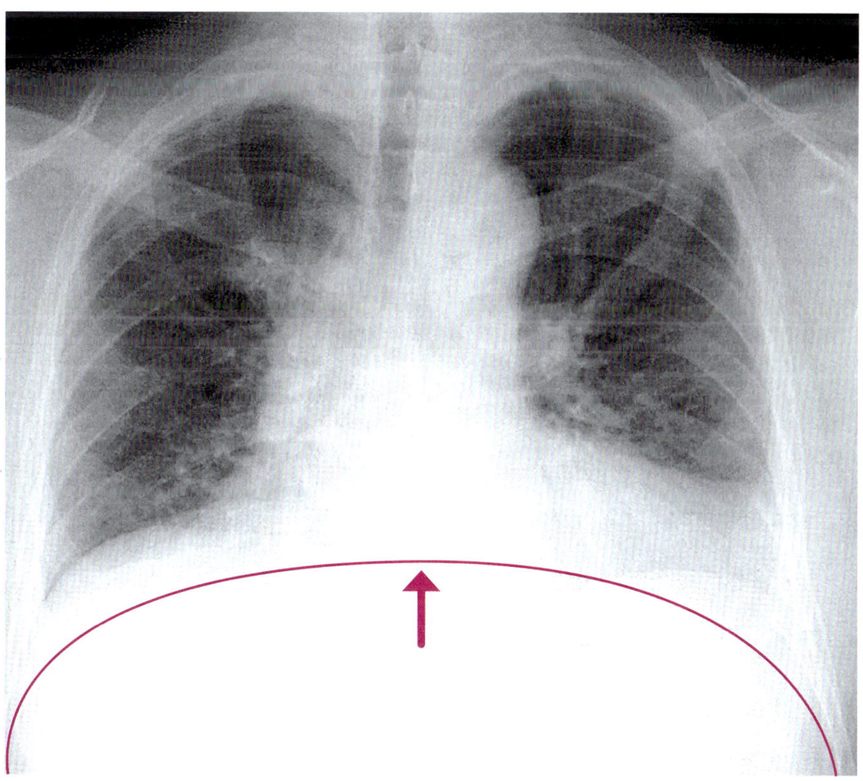

Doc. 4 : Une radiographie des poumons en fin d'expiration.
Pour faire sortir l'air des poumons, le diaphragme se relâche et la cage thoracique se réduit.

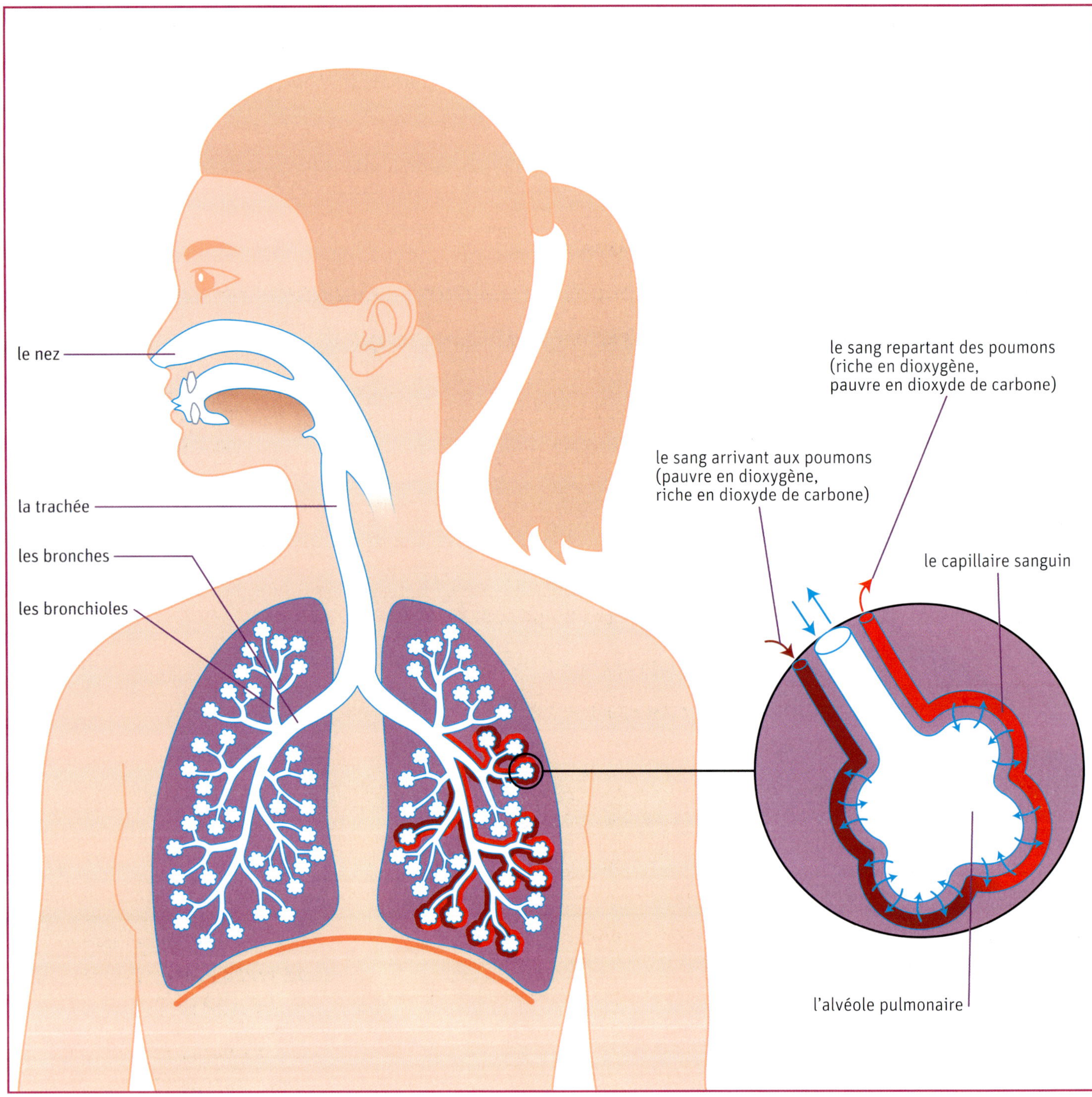

Doc. 1 : L'appareil respiratoire.

1. *Décris le trajet de l'air qui entre dans le corps.*
2. *Décris les échanges de gaz qui se passent dans les alvéoles des poumons.*
3. *D'après toi, où va le dioxygène dans le corps ?*
4. *D'où vient le dioxyde de carbone ?*
5. *Le dioxyde de carbone va-t-il être inspiré ou expiré ?*

Pour 100 litres d'air	Air inspiré (en litres)	Air expiré (en litres)
dioxygène	21	16
dioxyde de carbone	Presque 0	5
azote	79	79

Doc. 2 : Composition de l'air inspiré et expiré.

6. Quels gaz composent l'air que nous respirons ?

7. Quel est le gaz présent en plus grande quantité dans l'air ? Est-il utilisé par l'organisme ?

8. Quel gaz est utilisé par le corps ? Quel gaz est rejeté par le corps ?

Pour 100 litres de sang	Sang qui sort des poumons (en litres)	Sang qui entre dans les poumons (en litres)
dioxygène	20	12
dioxyde de carbone	40	48
azote	0	0

Doc. 3 : Composition du sang qui sort et qui entre dans les poumons.

9. Quel constituant de l'air passe des poumons vers le sang ?

10. Quel constituant de l'air passe du sang vers les poumons ?

QUE DEVIENT LE DIOXYGÈNE DANS NOTRE CORPS ?

Pour fonctionner, les organes, notamment les muscles, ont besoin d'énergie. Pour produire cette énergie, ils ont besoin de nutriments et de dioxygène. Ceux-ci sont transportés par le sang, qui les achemine jusqu'aux organes.

Les organes rejettent ensuite du dioxyde de carbone et de l'eau que le sang transporte jusqu'aux poumons, où ils sont rejetés dans l'air.

Il ne faut pas confondre le dioxyde de carbone que l'on rejette en respirant et le monoxyde de carbone qui est un gaz qui tue par asphyxie. Le monoxyde de carbone est produit par des appareils de chauffage mal réglés ou par les voitures. Lorsqu'on le respire, il prend la place du dioxygène dans le sang. Le sang ne pouvant plus transporter de dioxygène, les organes ne peuvent plus fonctionner. S'il n'est pas soigné rapidement, le corps peut alors mourir.

Doc. 4

11. À quoi sert le dioxygène ?

12. Pourquoi ne peut-on pas vivre sans respirer du dioxygène ?

13. Comment circule-t-il dans le corps ?

14. Que se passe-t-il si le corps absorbe du monoxyde de carbone ?

Respire-t-on toujours

Dormir.
Rythme respiratoire : 12 inspirations par minute.

Travailler à son bureau.
Rythme respiratoire : 16 inspirations par minute.

Marcher.
Rythme respiratoire : 25 inspirations par minute.

Courir.
Rythme respiratoire : 35 inspirations par minute.

Doc. 1 : La respiration dans la vie quotidienne.

1. Observe les activités de ces personnes et compare leurs rythmes respiratoires (Doc. 1). Au cours de quelle activité le rythme respiratoire est-il le plus rapide ? et le plus lent ?

2. Quel lien peux-tu faire entre le rythme respiratoire et l'activité physique d'une personne ?

	Rythme respiratoire (nombre d'inspirations par minute)	Volume d'air à chaque inspiration (en litres)
Au repos	16	0,5
Pendant l'effort	35	3
5 minutes après l'effort	18	1
15 minutes après l'effort	16	0,5

Doc. 2 : Les variations du rythme respiratoire d'un adulte.
Le rythme respiratoire est lié aux besoins des muscles. Pendant un effort, ceux-ci fonctionnent plus : ils absorbent plus de dioxygène et rejettent plus de dioxyde de carbone. Le rythme respiratoire s'accélère pour permettre ces échanges gazeux plus importants.

3. Qu'appelle-t-on « être essoufflé » ?

4. À quel moment avons-nous le plus besoin d'air ? À quel moment avons-nous le moins besoin d'air ?

5. Quel usage notre corps va-t-il faire de l'air inspiré ? Tu peux t'aider du Doc. 3 page 41.

6. Que se passe-t-il 5 minutes après l'effort ?

L'ASTHME

L'asthme est une maladie respiratoire très répandue. Les crises d'asthme se manifestent par une difficulté à respirer : les voies par lesquelles passe l'air se rétrécissent, l'inspiration et l'expiration deviennent pénibles.

Pour soigner une crise d'asthme, on utilise généralement un inhalateur. Ce petit appareil projette une substance qui permet de dilater les voies respiratoires. Le malade peut alors de nouveau respirer normalement.

Les crises peuvent être provoquées par une allergie à certaines substances (pollens, poussières, acariens, poils, fumée de cigarette…).

Elles peuvent aussi être déclenchées par un effort intense, de l'inquiétude ou de l'énervement.

La pollution est un facteur aggravant.

Dans certains pays occidentaux, l'asthme est devenu une des maladies qui tue le plus de personnes tous les ans.

Doc. 3

7. Que se passe-t-il lors d'une crise d'asthme ?

8. À ton avis, quel est le risque pour la personne ?

9. Comment peut-on soigner une crise d'asthme ?

10. Quelles peuvent être les causes d'une crise d'asthme ?

11. Cite des substances qui peuvent provoquer des allergies.

BLOC-NOTES

La respiration

Tous les organes du corps ont besoin de dioxygène pour vivre. C'est pour cette raison que nous respirons : l'air entre, puis sort de nos poumons grâce aux mouvements respiratoires.

Lorsque les **poumons** se gonflent grâce aux contractions du diaphragme et des muscles de la cage thoracique, l'air chargé de dioxygène entre dans nos poumons : c'est l'**inspiration**. Puis les poumons se dégonflent et rejettent l'air chargé de dioxyde de carbone : c'est l'**expiration**.

Le circuit de l'air

Pendant l'inspiration, l'air entre par le nez (ou la bouche), où il est filtré, réchauffé et humidifié. Puis, il descend par la **trachée** vers les poumons. Il passe ensuite par des tubes de plus en plus fins (les bronches, puis les bronchioles) pour arriver dans des sacs minuscules : les **alvéoles pulmonaires**. Dans les alvéoles, le dioxygène de l'air passe enfin dans le sang pour alimenter tous les organes de notre corps.

Le fonctionnement des organes produit du **dioxyde de carbone**, un gaz qui sera ensuite transporté par le sang jusqu'aux poumons et rejeté lors de l'expiration.

Le rythme respiratoire

Le rythme des mouvements respiratoires et le volume d'air inspiré varient en fonction de l'activité du corps. **Ce rythme est plus lent lorsque le corps se repose et plus rapide lorsqu'il fait un effort.**

En effet, pendant un effort physique, nos muscles ont besoin d'une quantité plus importante de dioxygène pour fonctionner et ils rejettent plus de dioxyde de carbone. L'entraînement sportif permet de diminuer son rythme respiratoire au repos et d'augmenter la capacité de ses poumons.

Je mesure mon rythme cardiaque

Le rythme cardiaque est le nombre de battements du cœur en 1 minute.
Pour connaître ton rythme cardiaque, tu dois prendre ton pouls.
Place ton index sur ton cou, au niveau de l'artère carotide. À chaque fois que le sang poussé par le cœur passe dans l'artère, tu sens une pulsation sous ton doigt.
Compte le nombre de pulsations en 1 minute.

La prise du pouls.

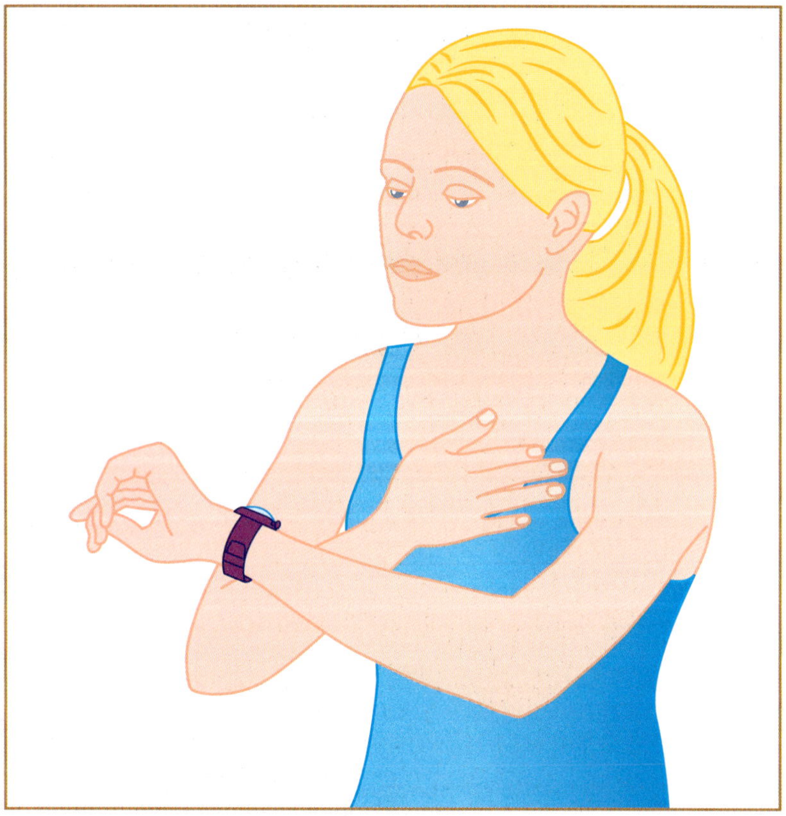

La mesure du rythme respiratoire.

Je mesure mon rythme respiratoire

Le rythme respiratoire est le nombre d'inspirations et d'expirations que tu fais en 1 minute.
Pour mesurer ton rythme respiratoire, place une main à plat sur ta poitrine et compte le nombre de fois où elle se gonfle en 1 minute.

Je fais une expérience

Tu vas étudier les réactions de ton corps, avant et juste après un effort physique, puis à nouveau au repos. Ton rythme cardiaque va-t-il varier ? et ton rythme respiratoire ?

À chaque étape de l'expérience, remplis un tableau de résultats comme celui-ci.

	Rythme cardiaque (en 1 minute)	Rythme respiratoire (en 1 minute)
Au repos avant l'effort		
Pendant l'effort		
Au repos, 5 minutes après l'effort		

- Mesure ton rythme cardiaque et ton rythme respiratoire au repos, assis à ta place en classe.
- Va dans la cour avec tes camarades. Fais une série de 20 flexions ou bien un sprint sur 50 mètres. Mesure ton rythme cardiaque et ton rythme respiratoire juste après l'effort.
- Mesure ton rythme cardiaque et ton rythme respiratoire 5 minutes environ après l'effort.

Je rédige un compte-rendu d'expérience

- Observe ton tableau et compare les résultats à chaque étape.
- Décris les évolutions de ton rythme cardiaque et de ton rythme respiratoire au repos avant l'effort, pendant l'effort, puis au repos 5 minutes après l'effort.
- Compare tes résultats avec ceux de tes camarades et avec ceux des adultes. Tu vas remarquer que tout le monde n'a pas les mêmes résultats, selon son âge et sa forme physique.

Je conclus sur les avantages du sport pour ma santé

Faire du sport, c'est bon pour la santé. On fait fonctionner ses muscles, ce qui permet de dépenser l'énergie fournie par les aliments que l'on a mangés.
On entraîne également son cœur à modifier son rythme : cela accélère la circulation du sang et maintient les artères en bon état.

Comment le sang

Le sang qui circule dans notre corps nous permet de vivre.
Il transporte tout ce dont nos organes
ont besoin pour fonctionner.

Doc. 1 : Une blessure au genou.

1. Qu'est-il arrivé à cette fille ? Pourquoi son genou saigne-t-il ?

2. T'es-tu déjà blessé(e) au genou ? Comment as-tu fait pour arrêter le saignement ?

3. T'es-tu déjà blessé(e) ailleurs qu'au genou ? Y avait-il du sang ? Qu'en déduis-tu ?

4. À ton avis, pourquoi faut-il nettoyer la plaie ?

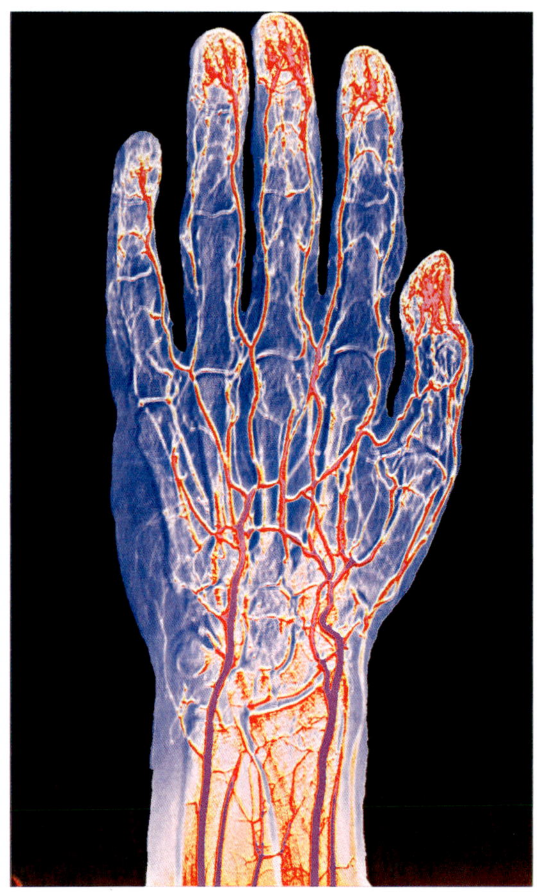

Doc. 2 : Une artériographie de la main.
Une artériographie est un examen médical qui permet de visualiser des vaisseaux sanguins : les artères.

5. Que voit-on en rouge sur cette artériographie de la main (Doc. 2) ?

6. Dans quelle partie de la main y a-t-il le plus de petits vaisseaux sanguins ?

7. Explique pourquoi tu risques de saigner beaucoup si tu te coupes au bout du doigt.

circule-t-il dans le corps ?

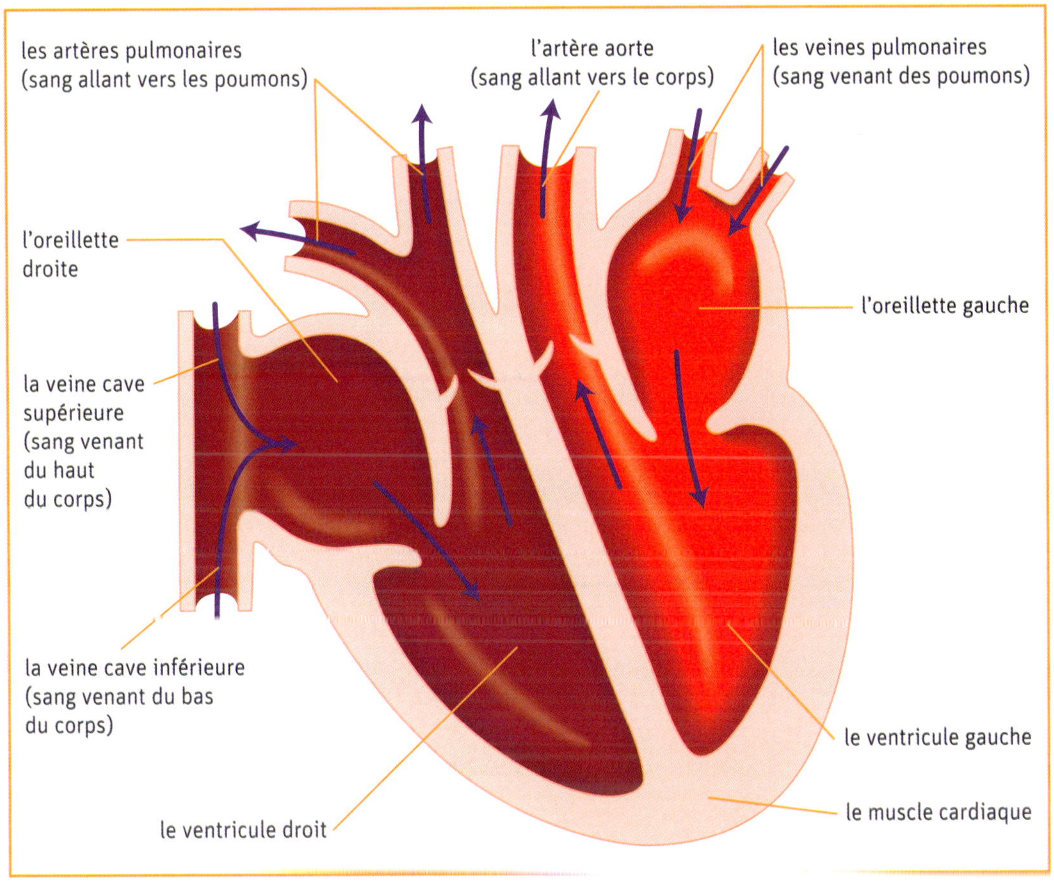

Doc. 3 : Le fonctionnement du cœur.
① Contraction des oreillettes : le sang passe dans les ventricules.
② Contraction des ventricules : le sang est envoyé dans les poumons et dans le corps.
③ Repos du cœur : les oreillettes se remplissent de sang.

8. À quoi sert le cœur ?

9. Décris le trajet du sang dans le cœur.

10. D'après toi, pourquoi dit-on que le cœur est « une pompe » ?

11. Quels sont les bienfaits de l'activité physique sur le cœur ?

12. Comment peut-on réduire les risques d'infarctus ?

DES ACTIVITÉS PHYSIQUES RÉGULIÈRES POUR ÊTRE EN BONNE SANTÉ

Faire régulièrement du sport améliore l'apport en dioxygène. Le cœur se renforce et devient plus puissant : il bat plus lentement et se fatigue moins. Les poumons augmentent leur capacité : ils peuvent contenir plus d'air. Les vaisseaux sanguins restent bien souples et ne se bouchent pas. Lorsqu'ils se bouchent, le sang ne peut plus circuler et le corps peut mourir : on parle d'infarctus. Le risque d'infarctus augmente lorsque l'on consomme trop de graisses et de sucres ou lorsque l'on fume. Faire du sport permet de mieux utiliser les aliments et en particulier les réserves de graisse : cela réduit les risques de surpoids.

Doc. 4

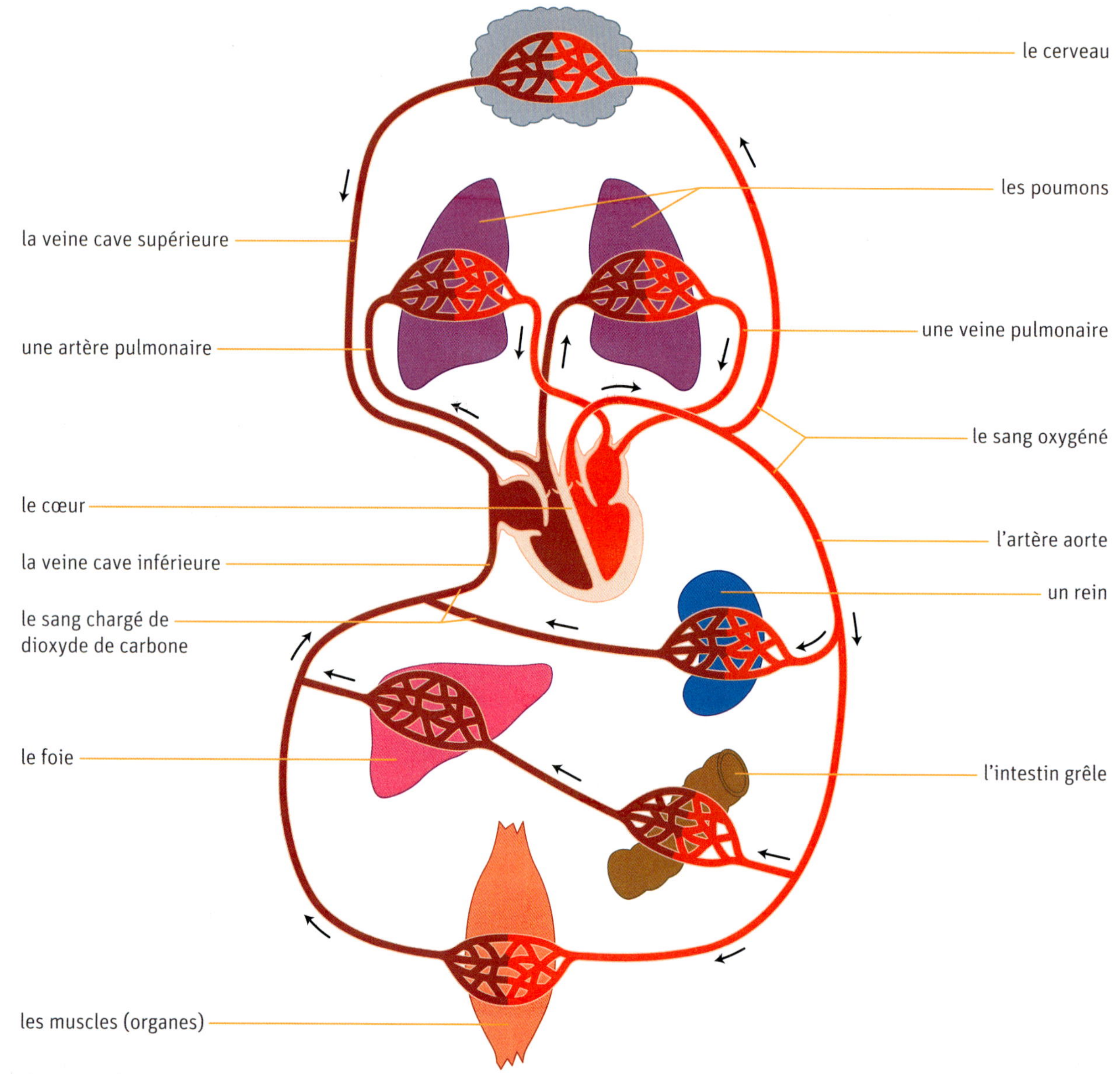

Doc. 1 : La circulation sanguine.

1. Décris le circuit du sang à partir du moment où il quitte le cœur.

2. Quelle différence y a-t-il entre le sang qui part et celui qui revient au cœur ?

3. Que se passe-t-il au niveau des poumons ?

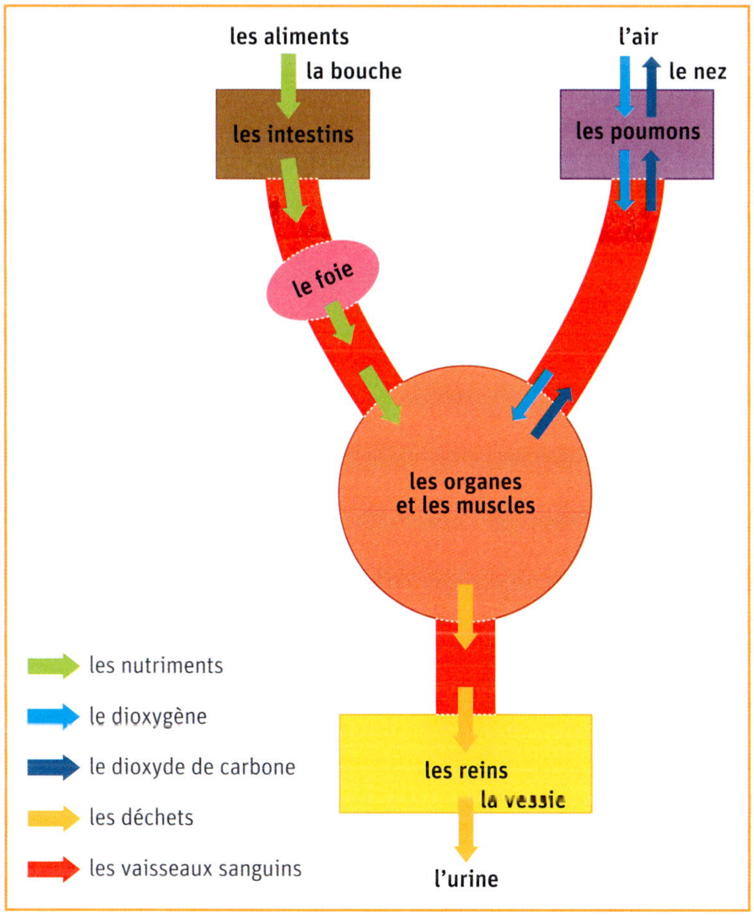

Doc. 2 : Le rôle du sang.
Le sang a un rôle essentiel dans l'organisme.
Il transporte le dioxygène issu de la respiration et les nutriments issus de la digestion jusqu'aux organes pour permettre leur fonctionnement.
Il sert aussi à transporter les déchets et le dioxyde de carbone produits par l'activité des organes pour qu'ils soient évacués.

4. Comment le dioxygène et les nutriments sont-ils transportés dans l'organisme ?

5. Où sont-ils transportés ?

6. D'où proviennent les déchets et le dioxyde de carbone ?

7. Où vont-ils ?

LES CELLULES DU SANG

Le sang est composé de différentes cellules dont chacune joue un rôle particulier dans l'organisme.
– Les plaquettes permettent d'arrêter l'hémorragie quand on se coupe.
Les globules rouges transportent le dioxygène des poumons jusqu'aux organes de notre corps.
– Le liquide du sang, le plasma, transporte les nutriments et les déchets.
– Les lymphocytes servent à « nettoyer » l'organisme. Ils repèrent les microbes et les tuent.
– Les globules blancs mangent ensuite les microbes et les cellules mortes.
La vaccination permet aux lymphocytes d'apprendre à reconnaître certains microbes pour mieux les repérer et les combattre par la suite.

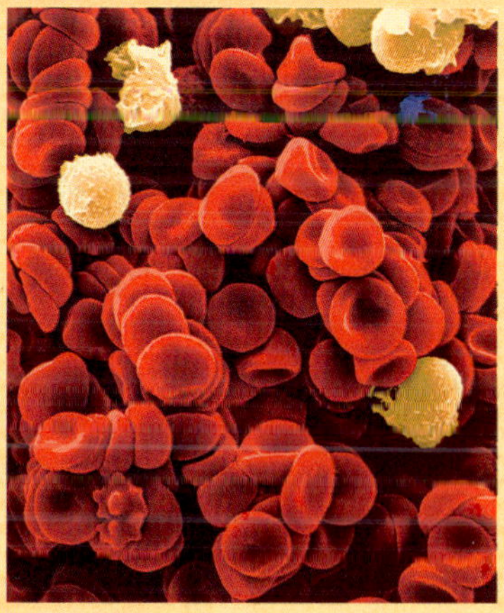
Du sang vu au microscope électronique.

8. Quelles sont les cellules du sang qui servent à transporter le dioxygène ?

9. Quel est le rôle des globules blancs ?

10. Pourquoi les lymphocytes sont-ils indispensables à notre organisme ?

11. À quoi sert la vaccination ?

Doc. 3

LES TRANSFUSIONS SANGUINES

À quoi servent les transfusions sanguines ?

Elles permettent de sauver de nombreuses vies. En effet, suite à un accident, un blessé peut perdre beaucoup de sang. Il faut alors faire une transfusion pour apporter du sang à son organisme.

Pourquoi les transfusions sanguines ont-elles été dangereuses dans le passé ?

C'est en 1914 que la première transfusion sanguine réussie a été réalisée en transfusant du sang du bras du donneur directement au bras du receveur.

Avant cette date, on avait déjà essayé de transfuser du sang à un blessé grave. Mais, le plus souvent, la personne mourait. En 1900, un médecin autrichien, Landsteiner, comprend pourquoi : il existe différents groupes sanguins et il faut transfuser à quelqu'un le sang d'une personne qui a le même groupe sanguin. On parle de « compatibilité ». Si deux personnes ont des groupes sanguins incompatibles, la transfusion peut être dangereuse pour le receveur.

Les transfusions sanguines doivent toujours être réalisées avec beaucoup de précautions, car des maladies peuvent être transmises par le sang. Il faut donc veiller à ce que le sang destiné à être transfusé ne soit pas contaminé par des virus.

Doc. 1

1. À quoi servent les transfusions sanguines ?

2. Autrefois, pourquoi les personnes transfusées mouraient-elles souvent ?

3. Quels sont les différents risques lors d'une transfusion sanguine ? À quoi faut-il faire attention ?

Doc. 2 : Le don du sang.
Il faut donner son sang pour sauver des vies. Pour qu'une transfusion puisse être réalisée, il faut avoir le sang d'une personne compatible (de même groupe sanguin). C'est pourquoi les hôpitaux recherchent sans cesse de nombreux donneurs. Cela leur permet d'avoir des stocks de sang de tous les groupes sanguins.

4. Que signifie le slogan de cette affiche ?

5. Pourquoi faut-il que de nombreuses personnes donnent leur sang ?

LE SANG ET LES MALADIES

Des maladies du sang

Des maladies graves peuvent être liées au sang.
– L'hémophilie est une maladie qui empêche les saignements de s'arrêter, ce qui entraîne des hémorragies.
– La leucémie est une maladie caractérisée par une très forte augmentation du nombre de globules blancs et de cellules anormales dans le sang.

Une maladie transmise par le sang

Le SIDA (Syndrome de l'Immuno-Déficience Acquise) est une maladie due à un virus qui détruit certaines cellules du sang, les lymphocytes. Or, ces cellules sont celles qui nous permettent de lutter contre les infections : le corps ne peut alors plus se défendre. Le SIDA peut se transmettre par le sang ou par voie sexuelle.

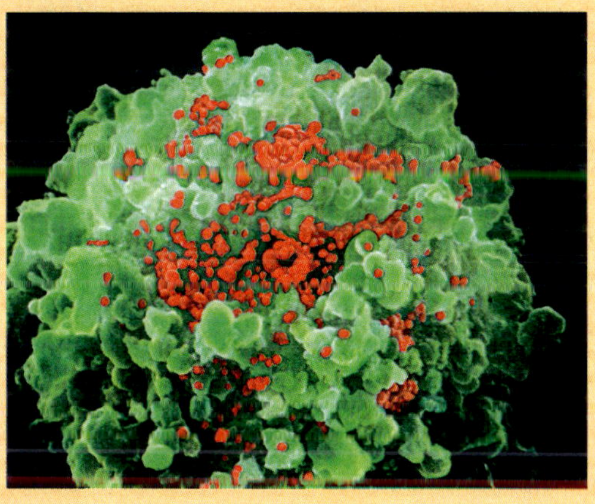

Le virus du SIDA.

Doc. 3

6. Que provoque l'hémophilie ?

7. Pourquoi est-ce dangereux pour le malade ?

8. Que se passe-t-il dans le sang d'une personne malade du SIDA ?

9. Comment le SIDA se transmet-il ?

BLOC-NOTES

Le rôle du sang

Le corps d'un adulte contient 5 litres de sang. Le sang est composé de plusieurs éléments :
- un liquide, le **plasma**, qui transporte les nutriments ;
- des **globules rouges**, qui transportent le dioxygène ;
- des **lymphocytes** et des **globules blancs**, qui combattent les microbes et « font le ménage » à l'intérieur du corps ;
- des **plaquettes**, qui s'agglutinent entres elles pour arrêter rapidement l'**hémorragie** quand on se coupe.

Le rôle du cœur dans la circulation du sang

C'est le cœur qui permet au sang de circuler. Le cœur est un muscle qui pousse le sang vers les poumons où il se charge de dioxygène. Ce sang oxygéné est rouge vermillon. Il retourne au cœur, qui le pousse dans les artères. Il distribue l'oxygène à tous les organes.

Lorsque les organes fonctionnent, ils produisent du **dioxyde de carbone** qui passe dans le sang. Le sang devient alors rouge sombre. Il retourne au cœur par les veines. Puis le cœur le propulse jusqu'aux poumons où le dioxyde de carbone est rejeté dans l'air.

Le sang, source de vie et de dangers

Certaines maladies touchent directement le sang. Lorsqu'elles attaquent les lymphocytes, par exemple, le corps ne peut plus se défendre contre les infections. C'est le cas du **SIDA**.

Le sang peut aussi transmettre des maladies. De nombreuses précautions sont donc à prendre lorsqu'on réalise des **transfusions sanguines**.

Il existe **plusieurs groupes sanguins**. Les transfusions sanguines doivent se faire entre des personnes d'un même groupe.

Les transfusions sanguines permettent souvent de sauver des vies, d'où l'importance des **dons du sang**. Plus la quantité de sang stocké dans les hôpitaux est importante, plus il y aura de vies sauvées.

Quelles substances

*Pour rester en bonne santé,
il ne faut pas consommer d'alcool ou de tabac,
il faut pratiquer un sport et avoir une bonne hygiène de vie.*

Doc. 1 : Une affiche de lutte contre le tabagisme.

1. Explique le slogan de cette affiche.

2. Que risquent les enfants qui vivent dans une atmosphère enfumée ?

3. Qu'est-ce que le tabagisme passif ?

4. Quel est le point commun entre tous ces articles de journaux (Doc. 2) ?

5. Quelles sont les substances en cause dans ces événements ?

6. Dans chaque cas, quelles sont les conséquences de la prise de drogues ou de médicaments pour les personnes ?

Le gagnant de l'épreuve olympique s'était dopé : il perd son titre et est exclu de la compétition !

Antoine et Lidia, 4 ans, dans le coma. Ils ont avalé un tube de médicaments en jouant à la dînette.

Ils avaient fait un concours de celui qui boirait le plus d'alcool. Le gagnant lutte contre la mort à l'hôpital.

Michel, 56 ans, meurt d'un cancer des poumons dû au tabac.

Doc. 2 : Des faits-divers révélant les risques liés aux drogues et aux médicaments.

nuisent à la santé ?

LES DANGERS DE L'ALCOOL

Si les accidents de la route dus à l'alcool font toujours de trop nombreuses victimes, d'autres dangers moins connus sont tout aussi graves : violences, échec scolaire ou professionnel, etc. [...] En France, 23 jeunes sont tués sur la route chaque semaine, près de 1 250 par an. C'est ainsi la première cause de mortalité des 15-24 ans.
À forte dose, l'alcool provoque l'ivresse : les mouvements sont moins coordonnés, l'élocution se trouble, le champ visuel se rétrécit, les réflexes et la vigilance s'amoindrissent, on devient somnolent. Des nausées et des vomissements peuvent survenir. À plus forte dose encore, la somnolence tourne au coma éthylique et, sans secours, on peut en mourir. [...] Enfin, comme toute drogue, sa consommation régulière peut progressivement entraîner la nécessité d'augmenter les doses pour ressentir le même effet et l'impossibilité de s'abstenir de consommer sous peine de malaise, de souffrances psychologiques et/ou physiques. [...]
Une personne qui consomme de l'alcool de façon régulière et excessive augmente ses risques de développer de nombreuses maladies : cancers, maladie du foie (cirrhose), problèmes cardiovasculaires et digestifs, ainsi que des troubles psychiques comme la dépression et l'anxiété.

Alcool. Plus d'infos pour moins d'intox, INPES.

Un logo présent dans les supermarchés.

Doc. 3

7. Pourquoi l'alcool est-il dangereux au volant ?

8. Quels sont les dangers de boire de l'alcool ?

9. Pourquoi l'alcool est-il une drogue ?

10. Observe le logo. À qui s'adresse-t-il ? Pourquoi ?

LE DOPAGE

Qu'est-ce qu'un produit dopant ? Une substance susceptible d'améliorer la performance grâce à son pouvoir pharmacologique et dont l'usage est considéré comme contraire à l'esprit sportif, entendu comme le respect des règles garantissant l'équité de la compétition. Mais la traque des tricheurs ferait presque oublier que le dopage présente aussi, et surtout, un risque pour la santé des athlètes. Un danger qui peut être mortel.

« Dopage : le danger de mort », *Le Monde*, 29 juin 2006.

11. Pourquoi certains sportifs prennent-ils des produits dopants ?

12. Les produits dopants sont-ils autorisés par la loi ? Pourquoi ?

13. Pourquoi le dopage est-il « contraire à l'esprit sportif » ?

Doc. 4

1. De quel sport cette affiche parle-t-elle ?

2. En quoi cette affiche donne-t-elle envie de pratiquer ce sport ?

Doc. 1 :
Pratiquer un sport.

Des volleyeurs s'encouragent.

LES BIENFAITS DU SPORT

La pratique d'un sport est bénéfique pour le développement et la croissance de l'enfant ; elle renforce le squelette, améliore la condition physique en fortifiant le cœur et les poumons, aide l'enfant à bien mouvoir son corps et prévient les risques de surpoids.
Le sport est également un merveilleux outil de socialisation, porteur de valeurs éducatives (patience, concentration, discipline…). Pratiquer le sport en club est aussi un excellent moyen de se faire des amis.
Enfin, une activité sportive peut contribuer à influencer favorablement le caractère de l'enfant ; les timides pourront gagner en confiance et apprendre à s'extérioriser dans un sport collectif, alors que les enfants nerveux apprendront la concentration et la maîtrise de soi dans des sports plus précis.

J. Martory et Dr. N. Évrard, *« Le sport et l'enfant »*, sante-az.aufeminin.com

Doc. 2

3. Pourquoi est-il important pour la santé de faire du sport ?

4. Écris un petit texte pour expliquer pourquoi le sport est un excellent moyen de se faire des amis.

LE SPORT ET LA SANTÉ

Le sport permet d'entraîner le cœur à l'effort : le cœur devient plus fort (le volume maximal de sang augmente) et plus endurant. Conséquences : il bat plus lentement au repos et ne s'emballe pas au moindre effort. Au contraire, plus on fait du sport régulièrement, plus on peut faire du sport sans que le cœur ne s'affole, ni même ne batte très vite. Bref, le cœur se fatigue moins et moins vite. [...]
Le sport est un bon moyen de prévenir les maladies cardio-vasculaires car il permet d'agir sur les facteurs de risque tels que l'hypertension artérielle, le diabète, l'obésité, un taux de cholestérol trop élevé. [...]
Le sport permet de reprendre son souffle, même pendant l'effort. Avoir une activité physique régulière améliore la qualité de la respiration : plus d'air absorbé, un plus grand volume d'air dans les poumons et surtout un meilleur usage de l'air, ce qui permet de pouvoir faire le même effort avec moins d'air absorbé.

www.sportmedecine.com/bienfaits-du-sport.htm

Doc. 3

5. Quel est l'intérêt pour le corps de faire régulièrement du sport ?

6. Quelle est la conséquence d'une activité physique régulière sur la respiration ?

Rythme cardiaque (nombre de pulsations par minute)	Homme ne faisant jamais d'activité physique	Homme faisant un peu d'activité physique	Sportif de haut niveau
Au repos	70	50	40
Après 3 minutes d'effort intense	190	180	160

Doc. 4 : Les variations du rythme cardiaque de 3 adultes de 30 ans.

7. Quel homme a le rythme cardiaque le plus élevé au repos ? et pendant l'effort ?

8. D'après toi, un rythme cardiaque élevé est-il bon pour le corps ?

9. Pourquoi faire du sport est-il bon pour le cœur ? Tu peux t'aider du Doc. 3.

Doc. 1 : Prendre soin de son corps dans la vie quotidienne.

1. Repère les actions quotidiennes qui te permettent de prendre soin de ton corps.

2. Repère les actions qui ne sont pas bonnes pour ton corps.

Doc. 2 : Une visite chez l'ophtalmologiste.

3. De quel type d'examen médical s'agit-il ?

4. Pourquoi est-il important d'aller régulièrement chez l'ophtalmologiste ?

5. Quels autres médecins vois-tu régulièrement ? Pourquoi ?

Doc. 3 : Un enfant qui dort.

6. Pourquoi est-il important de bien dormir ?

BLOC-NOTES

Les dangers des drogues

Certains comportements peuvent être très dangereux pour notre corps et notre santé. Boire de **l'alcool**, prendre de la **drogue** ou des **produits dopants** peuvent causer des problèmes de santé graves.

En prenant de l'alcool ou de la drogue, on peut aussi mettre la vie des autres en danger (violences, accidents de la route…). **L'alcool tue 40 000 personnes par an en France**.

Notre corps risque de s'habituer à ces drogues et de ne plus pouvoir s'en passer : on parle alors de **dépendance** à ces substances. Une personne dépendante est **toxicomane**.

Les dangers du tabac

Le tabac est très dangereux pour la santé du fumeur. C'est une drogue dont on ne peut rapidement plus se passer et qui peut entraîner des problèmes cardiaques et respiratoires, ainsi que des maladies comme le cancer. Ainsi, si on fume 25 cigarettes par jour, on augmente 4 fois le risque d'avoir une crise cardiaque et 30 fois celui d'avoir un cancer des poumons.

Le tabac est aussi très nocif pour les personnes qui entourent le fumeur, et notamment les enfants : on parle de **tabagisme passif**.

Avoir une bonne hygiène de vie

Pour être bien dans sa peau et rester en bonne santé, il faut avoir une bonne hygiène de vie :

– se tenir propre en prenant une douche tous les jours ;
– se laver les mains régulièrement au cours de la journée ;
– se brosser les dents après chaque repas ;
– dormir 9 à 10 heures par nuit pour un enfant ;
– faire du sport régulièrement, mais sans excès.

Quels sont les dangers

C'est dans la maison et dans la rue que les enfants ont le plus d'accidents. Tu dois connaître les dangers possibles pour mieux les éviter.

1. Observe l'image. Quels sont les risques d'accident présents dans chaque pièce de cette maison ?

Doc. 1 : Les dangers dans la maison.

à la maison ?

2. Dans chaque cas, que faudrait-il faire ou ne pas faire pour éviter l'accident ?
Tu peux présenter tes réponses sous la forme d'un tableau.

Quels sont les dangers

Doc. 1 : Les dangers dans la rue.

1. Quels personnages risquent un accident ? Pourquoi ?

2. Quels personnages mettent quelqu'un d'autre en danger ?

3. Dans chaque cas, que faudrait-il faire ou ne pas faire pour éviter l'accident ?
Tu peux présenter tes réponses sous la forme d'un tableau.

Quels sont les gestes

Doc. 1 : Si tu es face au feu.

① Téléphone vite aux pompiers en composant le 18, quitte la pièce et pense à refermer la porte derrière toi.
② Si tes vêtements sont en feu, roule-toi par terre pour éteindre les flammes. Si les vêtements d'une autre personne sont en feu, jette une couverture de laine sur elle (jamais un tissu synthétique).
③ Ne jette jamais d'eau sur un appareil électrique en feu, tu serais électrocuté(e). Coupe d'abord l'électricité au disjoncteur.

1. Que dois-tu faire en cas d'incendie (Doc. 1) ?

Doc. 2 : En cas de brûlure.

- Fais immédiatement couler de l'eau froide pendant 10 min sur l'endroit brûlé, même au travers de tes vêtements.
- Ne retire pas les vêtements en contact avec ta peau brûlée, ils pourraient l'arracher.
- Montre ta brûlure à un adulte pour savoir si tu as besoin de voir un médecin.

2. Que dois-tu faire en cas de brûlure ?

Doc. 3 : Si tu sens une odeur de gaz.

- Ouvre les fenêtres, puis coupe le gaz au compteur.
- Ne téléphone pas dans la maison. Ne touche pas à un interrupteur électrique, ni à une sonnette, ni à une allumette ou à un briquet. Tu pourrais faire exploser la maison !
- Préviens ensuite un adulte.

3. Qu'est-il interdit de faire si tu sens une odeur de gaz ?

Doc. 4 : Si tu es face à un blessé grave.
Un blessé peut avoir des fractures. Il ne faut surtout pas le bouger pour ne pas aggraver son état. Recouvre son corps afin qu'il n'ait pas froid et appelle les pompiers (18) ou le SAMU (15).

Doc. 5 : Si tu as une égratignure ou une petite plaie.
Nettoie la plaie puis désinfecte-la avec une compresse et un désinfectant qui tue les microbes. Recouvre-la ensuite avec un pansement stérile.

4. Quel est le numéro de téléphone des pompiers ? et du SAMU ?

BLOC-NOTES

Les accidents domestiques

Les accidents domestiques sont la première cause de mortalité chez les jeunes enfants. 2 000 enfants de moins de 6 ans en sont victimes chaque jour. 300 enfants de moins de 10 ans meurent chaque année à la suite d'un accident domestique.

À la maison, on risque des accidents partout :
- dans la cuisine, à cause des produits de nettoyage, des appareils de cuisson, des appareils électriques ou des couteaux ;
- dans la salle de bains, avec les risques d'électrocution et de glissade ;
- dans les escaliers, sur le balcon ou simplement en courant dans la maison, en montant sur des chaises ou en laissant traîner des objets coupants.

Les dangers de la rue

À partir de 6-8 ans, **les accidents surviennent de plus en plus à l'extérieur**, et particulièrement **dans la rue**. Tu dois connaître les dangers de la rue pour mieux les éviter et **respecter les règles de la vie commune**, notamment **le Code de la route** :
- marche sur les trottoirs ;
- ne traverse pas la rue en dehors des passages protégés ;
- regarde à droite et à gauche avant de traverser, pour être sûr(e) qu'aucune voiture ou moto n'arrive ;
- en vélo, roule sur les pistes cyclables et arrête-toi au Stop ;
- ne joue pas au ballon et ne cours pas dans la rue.

Les gestes qui sauvent

En cas d'accident, il faut rester calme pour pouvoir faire les bons gestes. Si tu es témoin d'un incendie ou d'un accident, tu dois absolument **appeler les services de secours** : **les pompiers (18) ou le SAMU (15)**.

Si tu es face à un blessé grave, couvre-le pour qu'il n'ait pas froid. Préviens immédiatement les secours. En attendant leur arrivée, parle au blessé pour le maintenir éveillé, mais ne le bouge surtout pas, pour ne pas aggraver son état.

Petit dictionnaire du corps et de la santé

A

Articulation : zone qui permet le mouvement entre deux os.

D

Drogue : produit toxique qui perturbe le fonctionnement du cerveau et qui peut entraîner une dépendance.

E

Échographie : examen pendant lequel le médecin passe un capteur sur le ventre de la future maman. Ce capteur émet et reçoit des ondes qui permettent de voir le fœtus sur un écran.

H

Hémorragie : perte de sang suite à une blessure.

L

Ligament : membrane qui relie deux os en entourant une articulation.

M

Microbe : être vivant microscopique qui peut transmettre des maladies.

Muscle : organe qui se contracte pour effectuer un mouvement au niveau d'une articulation.

N

Nutriment : aliment transformé par la digestion et réduit en éléments microscopiques qui passent dans le sang pour alimenter toutes les cellules du corps.

P

Placenta : organe qui se forme dans la paroi de l'utérus et qui relie l'embryon, puis le fœtus à sa mère. C'est par lui que passent le dioxygène et la nourriture entre la mère et le fœtus.

Procréer : donner naissance à un enfant.

Puberté : période de la vie au cours de laquelle l'enfant devient un adolescent capable de procréer.

S

Suc digestif : substance chimique qui intervient dans la digestion des aliments.

Système nerveux : système de commande et de diffusion des informations dans le corps.

T

Tendon : extrémité du muscle qui l'attache à l'os.

Achevé d'imprimer en Espagne par CAYFOSA
Dépôt légal: 12/2009 - Collection n° 74 - Edition n° 1
11/7503/3